팀장 스쿨

Build Better Teams

팀장 스쿨

초판 1쇄 발행 2024년 1월 25일
초판 2쇄 발행 2024년 4월 17일

지은이 박소연

편집 김세원
표지디자인 이연휘
본문디자인 Aleph design

펴낸곳 더스퀘어
출판등록 제 2023-000109호 (2023년 10월 11일)

ISBN 979-11-985799-0-4 03320

좋은 콘텐츠를 생산하고 소비하고 공유하는
세상 모든 천재들이 모이는 광장 '더 스퀘어'에 오신 것을 환영합니다.

여러분의 아이디어와 콘텐츠에 가치를 더해 드립니다.
문의 cometosquare@gmail.com

매콤 달큰한 현실을 살아가는 리더를 위한

가장 현실적인 가이드

일 잘하는 팀장은
팀원을 움직여 약속한 성과를 냅니다

팀장 스쿨에 오신 걸 진심으로 환영합니다. 이 책을 펼친 당신은 지난주에 막 임명된 따끈따끈한 신임 팀장일 수도, 여전히 적응 중인 6개월 차 팀장일 수도 있겠네요. 20년 넘은 직장생활 끝에 마침내 팀장을 맡게 된 분도, 3년 차에 난데없이 역할을 떠안은 분도 있을 겁니다. 어쩌면 리더가 된 지 오래되었지만 여전히 막막한 마음에 답을 찾아온 분일 수도 있고, 팀장의 권한과 역량에 호기심을 갖고 있는 주니어 일잘러일지도 모르겠습니다.

처음 팀장이 되었을 때 당황하는 이유는 실무자 때와는 다른 차원의 업무량과 범위 때문입니다. 리더가 되면 책임져야 할 업무가 팀원 수에 비례해서 몇 배로 늘고, 회의는 열 배쯤 몸집을

불리니까요. 게다가 상사는 왜 이렇게 팀장을 찾고, 경영진은 성과를 독촉하는지, 팀원은 걸핏하면 섭섭해하거나, 아프거나, 드릴 말씀이 있다고 하는지 의문이에요.

 괜히 맡았나, 다시 팀원으로 돌아가겠다고 말할까 고민하기도 합니다. 실제로 제가 만난 인사 담당자는 예전에 비해 팀장을 맡지 않겠다는 직원이 늘어나는 추세라고 귀띔해주었습니다. 혹시 이 글을 읽는 분 중에도 계실지 모르겠네요. (웃음)

걱정하지 말고 해보세요, 팀장 경험은 큰 자산이 됩니다

괜찮습니다. 걱정하지 말고 해보세요. 팀장에 관한 괴담(?)은 저도 익히 들었지만, 올바른 방향에 서 있기만 하다면 초반의 서툴렀던 리더라도 결국은 눈부시게 나아집니다. 게다가 팀장 경험만큼 커리어에 자산이 되는 일도 흔치 않은 걸요. 제가 이렇게 자신하는 이유는 크게 세 가지가 있습니다.

 첫째, **팀을 이끌어본 경험은 어떤 커리어 경로를 그리든 가장 확실한 경쟁력**이 됩니다. 본인의 커리어를 관리자(리더)가 아니라 전문가 트랙으로 정했더라도 팀장 경험은 꼭 해보는 게 좋습니다. 고연차가 되면 설령 팀장을 맡지 않더라도 다른 구성원과 협업하며 긴 호흡의 성과를 내는 업무를 해야 하거든요. 3년 차가 할 만한 업무를 20년 동안 계속 할 수는 없으니까요. 연차가 올라갈수록 팀 단위 매니징조차 안 되는 실무자는 설 자리가 없어집니다. 하지만 팀원이라도 프로젝트 매니저로서 굵직한 업무를 이끌 수 있으면 탄탄한 경쟁력을 유지할 수 있습니다.

제가 팀장을 권하는 근본적인 이유는 또 있습니다. 팀장 업무야말로 **독립적인 업무를 완성형으로 해내는 법을 배울 수 있는 절호의 기회**이기 때문입니다. 팀장이 된다는 건 안정된 시스템 안에서 평생 커리어에 도움이 될 경영 수업 또는 창업 수업을 할 기회가 생긴다는 의미입니다.

팀장 업무를 한번 곰곰이 떠올려보세요. 경영진은 팀장에게 덩어리 업무를 뚝 떼어 맡기면서 예산과 인프라, 인력을 지원해줍니다. 팀장은 자원을 최대한 활용하여 우선순위에 따라 수없이 많은 의사 결정을 해야 하고요. 팀장이 일하는 방식은 스타트업이 고유의 브랜드를 가지고 계약한 기관과 일하는 방식, 또는 프리랜서가 일감을 수행하는 방식과 매우 유사합니다.

팀장을 괜히 미니 CEO, 작은 경영자라고 부르는 게 아닙니다. 팀장이 되면 실무자 입장에서 생각하던 좁은 시야에서 벗어나 조직을 효율적으로 운영하는 법을 배웁니다. 안 할 이유가 있을까요? 저 역시 팀장 역할을 성공적으로 수행하고 나서 '어디서 일하든, 무엇을 하든 먹고살 수 있겠구나.' 하는 자신감이 생겼는걸요. 팀장 시절에 배운 것들은 창업을 한 지금도 유용하게 활용하고 있습니다. 완전히 다른 성격의 조직에 이직해서 구성원으로 일했더라도 큰 도움이 되었을 것 같아요.

팀장을 권하는 세 번째 이유는 **팀장이란 제대로 배우기만 하면 누구나 잘할 수 있는 영역**이기 때문입니다. '아무래도 나는 팀장 감이 아닌가 봐.'라는 고민으로 힘들어하는 분들께 꼭 말씀 드리고 싶어요. 일 잘하는 팀장은 타고난 기질과 리더십으로 결정되는 게 아닙니다. 경영자 역할이라면 모를까, 적어도 팀장은 아니에요. 누구든 잘할 수 있고, 배울수록 확실히 더 나아집니다. 다만, 실무자 때와 다른 방식으로 일하는 법을 배워야 할 뿐입니다.

왜 탁월한 실무자가
팀장이 되면 평범해질까?

왜 촉망받던 스타 직원은 팀장이 되고 나서 평범해지고, 평범했던 직원은 탁월한 팀장이 되는 일이 벌어질까요? 팀장, 즉 리더가 일을 잘하는 방식은 실무자 때와 다르기 때문입니다. 학창 시절과 사회생활이 다른 규칙으로 움직이듯, 실무자이던 팀원 시절과 리더인 팀장의 세계는 다른 규칙이 작동합니다.

팀장부터는 조직의 목표와 지향점을 이해하고, 팀원을 통해서 성과를 거둘 수 있는 능력이 중요해집니다. 리더가 찾아온 답을 열심히 실행하던, 혼자서 처음부터 끝까지 결과물을 만들었던 실무자 시절은 지나갔습니다. 결정 범위는 넓어지고, 팀원과의 관계 역시 단순한 동료 수준을 넘어서게 됩니다.

한마디로 말해, 개인 능력치보다 팀 단위의 성과 관리와 팀원 성장을 더 잘 이끌 수 있는 사람이 뛰어난 평가를 받게 됩니다. 실무자 때와 기준이 확 달라지는 거죠. 일 잘하고 성실하던 많은 팀장들이 이 달라진 기준 때문에 우왕좌왕 혼란스러워합니다.

성과 관리를 하라는데 대체 어떻게 하라는 건지, 왜 경영진은 우리 팀 고과를 B 이상은 주지 않는 건지, 팀원은 왜 몇 번을 말해도 비슷한 실수를 반복하는지, 회의만 하면 다들 입을 꾹 다물고 왜 나만 동동대는지, 온종일 일하는데 왜 업무는 줄어들지 않는지, 다른 팀은 화기애애하게 보이는데 우리 팀은 왜 불만만 많아 보이는지…. 고민이 깊어집니다.

선배에게 물어봐도 '원래 그렇다, 시간이 지나면 나아진다' 같은 원론적인 말이나 '나도 모르겠다. 지금도 헤매는 중이다' 같은 당황스러운 답변이 돌아올 뿐입니다. 사실 일 잘하기로 유명한 팀장이라도 어느 순간 습득한 것이라 누군가에게 알려주기는 어렵거든요. 그러니 신임 팀장이든 어깨너머로 팀장 업무를 배운 고참 팀장이든 답답한 마음에 속으로 한탄하곤 합니다.

'누가 하루만이라도 나에게 팀장 수업을 해줬으면 좋겠다.'

이 책은 그런 매콤 달콤한 현실을 살아가는 리더를 위한 가장 현실적인 가이드를 목표로 썼습니다. 제 나름의 답을 담은 일종의 팀장 인수인계서라고나 할까요. 만병통치약 같은 정답은 없겠지만, 더 나은 방법은 언제나 있기 마련입니다.

일 잘하는 팀장에게
가장 중요한 세 가지

경영진과 팀원, 그리고 선배 팀장들이 모두 입을 모아 '일 잘하는 팀장의 비결'로 손꼽는 것이 있습니다. 이 책은 그중에서 팀장 역할의 본질이자 우선순위라고 생각하는 세 개 부문을 선택했습니다. 아래 그림을 보시면 각 부문별로 다루는 세부 내용을 보실 수 있을 거예요.

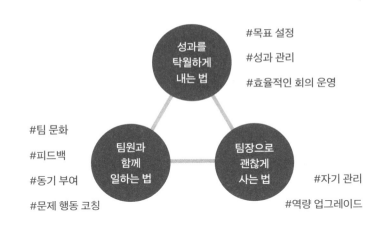

첫 번째 부문은 팀장의 우선순위인 **'성과를 탁월하게 내는 법'**입니다. 아마 경영진이라면 이 부분을 읽고 "내가 그동안 우리

팀장들한테 하고 싶었던 말이 바로 이거라고!"하면서 격하게 공감할 겁니다. 실제로 한 글로벌 기업의 경영진은 제 강의를 듣고 후배 리더들이 이렇게만 해준다면 더 바랄 게 없겠다는 평을 했습니다.

저는 기획실에 있으면서, 그리고 창업 후 많은 리더들과 이야기를 나누면서 경영진이 팀의 사업 계획에 대해 어떻게 피드백하고 성과를 평가하는지를 알게 되었습니다. 그 배움을 기반으로 팀장들이 팀 단위의 목표를 잘 수립하는 방법과 좋은 성과를 내려면 어떻게 관리해야 하는지 등을 책에 담았습니다. 팀장들이 힘들어하는 많은 미팅과 회의들을 효율적으로 운영하는 법도 꽤 비중 있게 넣었어요. 현장에서 만난 수많은 팀장님들의 고민에 대해 제 나름의 답을 적었다고 생각하시면 됩니다.

두 번째는 '**팀원과 함께 일하는 법**'입니다. 일하기는 싫지만 동기 부여와 성장은 원하는, 명확한 피드백을 원하지만 마이크로 매니징은 싫은, '뜨거운 아이스 아메리카노' 같은 팀원들과 어떻게 잘 지낼 수 있을까요? 이 복잡다단한 관계에서 어떻게 중심을 잡고 성과를 낼 수 있는지를 적었습니다.

구체적으로는 팀원 각각의 유형에 맞는 동기 부여법, 문제 팀원을 코칭하는 법, 팀원이 실제 진행한 업무를 교재 삼아 역량을 키워주는 법, 좋은 팀 문화를 만드는 법 등을 다루었습니다. 다양한 사례를 넣었으므로 다른 팀장들은 도대체 어떻게 하고 있는지 궁금한 마음도 상당 부분 해소되리라 생각합니다.

세 번째는 '**팀장으로 괜찮게 잘 살아가는 법**'입니다. 우리는 일을 잘하기 위해서 팀장을 하는 거지, 팀장을 하기 위해 일하는 건 아니잖아요. 어떻게 하면 번아웃의 함정을 피해 팀장의 삶을 건강하게 잘 지킬 수 있는지, 위아래에서 쏟아지는 기대와 압박에 휘둘리지 않는 노하우는 무엇인지, 경쟁력은 어떻게 키우고, 시간 관리는 어떻게 하는지 등을 적었습니다.

막연하고 추상적인 리더십이 아니라
구체적인 방법과 현실적인 노하우를

이 책은 왜 해야 하는지는 알지만 '무엇What을 어떻게How 해야 할지'가 궁금한 팀장을 위한 것입니다. 뛰어난 리더십 책들이 많지만 읽은 후 가슴이 웅장해지거나 따뜻해질 뿐 현실의 나를 구해주기에는 한계가 있을 때가 종종 있잖아요.

일하는 사람들에게 '왜Why'에 해당하는 의미를 찾는 것은 당연히 중요합니다. 하지만 제가 경험해보니, 팀장이 힘든 이유는 팀장 역할이 왜 중요한지를 몰라서라기보다, 그 중요한 업무들을 잘 해내려면 대체 무엇부터 어떻게 해야 하는지를 잘 모르기 때문인 경우가 더 많았습니다.

당장 다음 분기 팀 사업 계획을 세울 때 어떤 사업을 대표 프로젝트로 설정해야 하는지, 많은 팀원들이 동시에 정신없이 진행하는 업무들을 당황하지 않고 한눈에 관리하려면 어떻게 해야 하는지, 시간만 잡아먹는 회의를 밀도 있게 바꾸기 위해 오늘부터 바로 적용할 수 있는 방법은 무엇인지를 알고 싶어 합니다.

또는 의욕이 없는 팀원을 변화시키고 싶을 때 무슨 이야기부터 해야 하는지, 어색하고 화제가 겉도는 것 같은 피드백을 바꾸려면 어떻게 해야 하는지, 엉뚱한 일을 열심히 하는 팀원은 어떻게 방향을 잡아줘야 하는지 등을 배우고 싶어 합니다.

'리빙 포인트 - 음식이 싱거우면 소금을 넣으면 된다' 같은 답변을 원하는 게 아닐 겁니다. 그래서 오늘 배워서 내일 당장 다르게 일하고 싶은 현실의 팀장들을 위해서 최대한 구체적인 조언을 담고자 했습니다. 주제별로 다양한 사례나 현실 대화를 활용했는데, 제가 경험했거나 듣거나 본 것들을 섞어서 가상의 사례로 각색한 것입니다. 팀장의 핵심 역량을 익히고 현업에 바로 적용하는 데 도움이 된다면 좋겠습니다.

더 나은 팀을 만드는
탁월한 팀장의 탄생

팀장이 되세요. 기왕이면 배워서 좋은 팀장이 되어주세요. 우리는 애플의 스티브 잡스나 넷플릭스의 리드 헤이스팅스 같은 존재는 되지 못할지도 몰라요. 세상을 뒤흔들 아이디어나, 일에 인생을 내던질 남다른 열정이 있는 건 아니니까요. 게다가 모든 것을 헌신할 각오가 된 팀원들도 우리에게는 없는 걸요.

하지만 뭐랄까, 꼭 그렇게 될 필요는 없지 않을까요. 우리 역시 나름대로 세상을 괜찮은 방향으로 바꾸고 있고, 성장하고 있잖아요. 우리 팀의 업무는 다른 누구도 대체하지 못하는 고유의 영역이고, 팀원들은 바로 지금, 눈앞에 있는 팀장을 믿고 의지하고 있습니다. 이곳만큼은 우리의 영역이자 세계인 셈이죠.

다른 사람을 성공하게 함으로써 내가 가장 성공하는 경험, 그리고 나 혼자서는 절대 할 수 없던 규모의 일을 팀원들과 함께 해내는 경험은 꽤 근사하고 분명히 해볼 만한 일입니다. 기왕이면 잘해볼 만한 가치가 있죠. 기존의 안전한 바운더리를 넘어서는 아찔하고 빠른 성장의 경험 역시 팀장의 무게이자 특권입니다.

일하는 사람이라면 누구나
'나도 한번 좋은 팀에서 일해봤으면 좋겠다.'라고 소망한
순간이 있잖아요. 좋은 팀에서 탁월한 동료들과 일하는 건
모두가 꿈꾸는 최고의 복지이니까요.

팀장이 된 지금,
드디어 원하는 팀을 만들어볼 기회가 우리에게 온 거예요.

– Table of Contents –

Part II.
성과를 탁월하게 낸다는 것

Part III.
팀원과 함께 일한다는 것

CH 5. 나도 좋은 팀에서 일하고 싶다 #팀 문화

CH 6. 힘을 합쳐서 당신이 더 잘되게 해봅시다 #피드백

CH 7. 고객님, 동기 부여는 유료 상품입니다 #동기 부여

CH 8. 우리 팀에 금쪽이가 산다면 #문제 행동 코칭

Part IV.
팀장으로 살아간다는 것

Build

Bett

Part I.

팀장이란
뭐하는
사람일까?

er

Teams

Chapter 1

팀장으로 탁월하게
일한다는 의미

팀장 역할의
두 가지 본질

성과 & 팀원

많은 업무 속에서 중심 잡기 :
팀장 역할의 본질

'본부장의 길고 긴 업무회의를 월요일마다 1시간씩 듣는다. 회의가 끝나면 중요 사항을 정리해서 팀원들에게 알려준다. 다른 부서가 요청한 회의에 참석한다. 업무 메신저나 이메일을 확인하며 온갖 요청 사항에 답변을 단다. 팀원 생일에 기프티콘을 선물한다. 올해 세 번째로 번아웃이 온 팀원의 하소연을 들어준다. 열일곱 번째 실수를 한 팀원에게 조금 센 어조로 경고한다. 갑자기 터진 문제를 수습하기 위해 팀원과 거래처를 방문한다….'

팀장이 되면 일이 넘쳐납니다. 출근하면 쌓여 있는 이메일의 숫자만 해도 어마어마하죠. 팀원은 사무용품을 주문하는 소소한 이메일까지도 팀장을 참조(C.C)에 넣고 싶어 하고, 상사인 본부장은 다른 부서나 고객에게 받은 내용, 심지어 뉴스에서 본 기사까지 팀장에게 공유합니다. 그중에는 종종 중요한 일들도 숨어 있다 보니 대충이라도 모두 훑어봐야 합니다. 이렇게 오전 시간이 훌쩍 지나가네요.

어디 이것뿐인가요. 팀원별 업무 점검 회의, 다른 부서와의 협의 등 회의가 꼬리에 꼬리를 물고 이어집니다. 게다가 요즘은 팀장이 실무자처럼 직접 처리하는 업무 역시 만만치 않습니다. 실무만 있다면 그나마 다행인데, 요즘은 팀원을 동기 부여하고 성장시키는 것도 죄다 팀장 몫이라는 군요.

뭐, 다 좋습니다. 모두 필요하고 중요한 일이니까요. 하지만 무턱대고 '이것도 나의 일, 저것도 나의 일' 식으로 책임을 늘려 가면 곤란합니다. 체력과 에너지의 한계도 문제지만, 애쓰고 무리할수록 원하는 결과가 나오지 않는다는 점이 더 큰 문제입니다. 제가 전작《일 잘하는 사람은 단순하게 합니다》에서 강조한 내용이 있습니다.

"가짓수가 늘어날수록 잘할 가능성이 줄어든다."

이번 주에 끝내야 할 일이 27개 남아 있다면, 설사 예상과 다른 상황이 펼쳐져도 '왜 이런 결과가 나왔을까?' 고민할 시간은 없습니다. 무사히 일을 끝내는 것만도 벅차니까요. 게다가 바빠서 정신없는 팀장은 팀원과의 협업에서도 삐걱댑니다. 바쁜 팀장을 방해할까 조심스러운 팀원은 최대한 짧게 보고하고 최소한의 정보만 전달하기 십상입니다. 팀장은 부족한 정보를 기반으로 판단을 내릴 수밖에 없겠지요. 결국, 팀장과 팀원 모두 실망스러운 결과를 마주하게 됩니다.

중심을 단단히 잡아야 합니다. 한식, 양식, 중식을 섞어 50개 메뉴를 파는 식당이 맛집일 가능성이 희박하듯이 업무도 마찬가지거든요. 주변의 기대와 위아래에서 몰려오는 수많은 업무들에 휘둘리기 전에, 팀장이 해야 하는 가장 중요한 일, 바로 그 본질부터 파악해서 공략해봅시다.

팀장은 도대체 무엇을 하는 사람일까요? 시대와 문화에 따라 정의가 다양하지만, 공통된 본질은 크게 달라지지 않았습니다. 저는 팀장이라면 이 문장부터 시작하면 된다고 생각합니다.

팀장이란, 팀이 맡은
과제(목표)를 약속대로 해내는 사람이다.
단, 팀원들을 데리고 함께.

단순한 문장이지만, 팀장 역할의 가장 핵심이자 본질인 두 가지를 담고 있습니다. 지금부터 하나씩 설명해볼게요.

팀이 맡은 과제를
약속대로 잘 해내는

팀장을 미니 CEO라고 부르는 이유를 알고 계신가요? 대부분은 이제 리더가 되었으니 조직의 편에 서서 더 주도적으로 열심히 일하라는 의미 정도로 받아들입니다. 아주 틀린 말은 아니지만 본래 뜻과는 조금 거리가 있어요.

'팀'부터는 실질적으로 하나의 사업체와 같습니다. 사업체를 구성하는 모든 조건, 즉 사무 공간, 직원, 전용 예산, 계약된 일감까지 모두 갖추고 있기 때문이죠. 팀원이 두세 명인 소규모 팀이라고 해도 마찬가지입니다. 스타트업에서 풀타임 정규직원을 세명이나 고용할 수 있다면 사업이 꽤 괜찮다는 의미거든요. 결코 작은 규모가 아닙니다.

팀장은 이 견실한 사업체를 경영하는 CEO나 다름없습니다. 특이한 점은 거래처가 하나뿐이라는 사실이죠. 소속된 조직이 유일한 거래처이고, 팀장은 일감을 전속 계약으로 의뢰 받습니다. 팀장은 크게 두 종류의 전속 계약을 맺게 되는데 저는 이걸 일반 의뢰와 특별 의뢰라고 이름 붙였습니다.

일반 의뢰는 '그 팀은 우리 조직에서 ○○ 업무를 전담으로 맡아 달라'는 내용의 주요 계약입니다. 어떤 조직이든 팀이라는 형태가 존재한다면 해당 팀이 전담하는 근본적인 업무가 있잖아요. 연구팀은 연구를, 개발팀은 개발을, 마케팅팀은 제품 홍보를

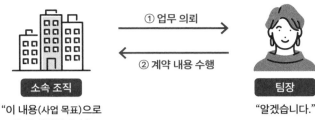

① 업무 의뢰

② 계약 내용 수행

소속 조직

"이 내용(사업 목표)으로
올해 계약합시다."

팀장

"알겠습니다."

전속으로 맡아서 수행하죠. 다시 말해 일반 의뢰는 팀이 존재하는 이유를 뜻한다고 생각하시면 됩니다.

특별 의뢰는 '올해 특별히 △△에 집중해 달라'면서 팀에게 특별히 추가로 의뢰하는 내용입니다. 예를 들어, 어떤 기업이 기존의 국내 시장을 넘어 해외 시장으로 사업을 확장하려는 목표를 세웠다고 해볼게요. 그렇다면 이 목표와 연관된 생산팀, 연구팀, 마케팅팀, 영업팀은 기존의 업무 영역을 넘어 '성공적인 해외 진출'을 위해 특별히 다른 노력을 해야겠지요.

두 종류의 의뢰가 어떤 느낌인지 감이 오시지요? 팀장, 아니 전속 계약 스타트업의 CEO는 팀의 가용 자원을 영리하게 활용해서 약속한 일을 연말까지 무사히 수행해야 합니다. 이게 팀장 업무의 본질입니다. 그리고 우리는 이걸 '성과 관리'라고 부릅니다. 따라서 팀장으로서 본질에 집중한다는 것은, '팀이 맡은 과제(목표) 완수'를 위해 가장 우선적으로 시간과 에너지를 쏟아야 한다는 것을 의미합니다.

단,
팀원들을 데리고 함께

팀장 역할의 두 번째 본질은 '팀원들을 데리고 함께'입니다. 조직에서 군이 팀을 만드는 이유는 무엇일까요? 100명에게 100개의 업무를 각각 맡기는 것보다 업무 덩어리를 10개로 묶어서 10개의 팀에 맡기는 게 생산성과 관리 측면에서 효율적이기 때문입니다. 게다가 팀 단위로 일하면 개인으로 각자 일할 때보다 더 큰 규모의 성과를 달성할 수 있습니다.

조직이 팀에 부여하는 과제(목표)는 아무리 일을 잘하는 팀장이라 해도 혼자서 해낼 수 없는 수준입니다. 따라서 조직은 팀 단위로 해결할 수 있는 과제를 주면서 '팀원들을 데리고 함께' 하라고 각종 지원을 해줍니다. 팀장의 성과는 팀 전체 결과물로 평가하겠다고 하면서 말이죠.

팀장이 된다는 건 기존의 스타 플레이어에서 감독과 코치로 포지션을 바꾼다는 뜻입니다. 물론 실무형 팀장은 경기를 함께 뛰기도 합니다만, 예전과 달리 골을 얼마나 넣었는지, 드리블과 패스를 얼마나 기가 막히게 했는지는 덜 중요해집니다. 가장 중요한 우선순위는 '팀을 우승시켰는가'이기 때문이죠. 소속 선수들이 체력을 키우도록, 패스 정확도를 높이도록, 골을 더 잘 넣도록 도와주어야 우승에 가까워질 수 있습니다.

팀원들이 잘할 수 있도록 잘 도와야

팀 성과, 즉 나의 성과를 만들 수 있다

팀원이 잘하게 만드는 것, 이게 정말 중요합니다. 팀장의 성과는 팀원이 얼마나 잘해주는지가 관건이기 때문이죠. 팀원 성과의 합이 곧 팀장의 성과니까요. 팀장 개인이 얼마나 열심히 하는지보다 팀 전체가 어떤 성과를 냈는지가 중요해집니다.

이제 막 팀장이 된 사람은 자신의 성과가 남에게 달렸다는 현실에 당황합니다. 일을 잘하는 기준이 실무자 시절과 확연히 달라지니 적응하기 어렵다는 팀장도 많습니다. 커리어 방향키가 타인에게 달린 느낌에 불안해하기도 하고요.

너무 걱정하지 마세요. 방향키는 여전히 팀장이 견고하게 쥐고 있습니다. 팀원과 제대로 협업할 수만 있다면 혼자 일할 때보다 훨씬 더 근사한 결과를 낼 수 있습니다. 자신 없던 영역을, 혼자서는 엄두가 안 나던 업무를 함께 해낼 수 있으니까요. 그리고 팀원과 이룬 성취는 고스란히 팀장의 성과이자 경력이 됩니다.

요약 ——————————————————————————

- 팀장이 되면 일이 넘쳐난다. 가장 중요한 본질에 집중하고 나머지 부수적인 일에 휘둘리지 말아야 한다.
- 팀장의 첫 번째 역할은 팀의 목표를 약속대로 달성하는 것이다. 우리는 이걸 '성과 관리'라고 부른다.
- 팀장의 두 번째 역할은 팀원들을 데리고 함께 성과를 내는 것이다. 목표를 이루려면 팀원이 잘할 수 있도록 도와야 한다.

———————————— **Q.** ————————————

"나는 우리 팀을 대표하는 **경영자**인가,
아니면 단순한 **업무 전달자**인가?"

Build
Better
Teams

Build
Bett

Part II

성과를
탁월하게
낸다는 것

Chapter 2

팀 목표는
어떻게 정하는가?

고생한 저희 팀이
왜 C인가요?

결과물 VS. 성과, 그 간극에 대하여

왜 강 팀장은 열심히 일하고도
혼이 났을까?

영업팀 강 팀장은 프랜차이즈에 속한 수백 개 점포의 경영주들을 관리하는 일을 담당하고 있습니다. 새로 팀장이 되어서 의욕이 넘치던 어느 날, 강 팀장은 본부장의 급한 호출 전화를 받았습니다. 의아한 마음으로 사무실로 들어서자마자 날카로운 목소리가 쩌렁하고 그의 귀에 울립니다.

"강 팀장, 점포 경영주들의 애로사항을 잘 해결하라고 했잖아요. 이번 주만 해도 항의 전화를 몇 통이나 받았는지 알아요?"

"네? 본부장님도 아시다시피 저희는 최선을 다하고 있습니다. 모든 팀원이 전국을 뛰어다니면서 점포주들의 애로사항을 듣는 중입니다. 벌써 100개째 조사 중이고, 또…."

"그 팀이 무슨 조사 기관인 줄 알아요! 6개월 동안 듣기만 하면 뭐합니까? 점포주들이 더 화가 났어요. 건의한 지가 언젠데 아무런 답이 없다고 말입니다. 그동안 뭐한 겁니까!"

강 팀장은 본부장의 기세에 눌려 더이상 대꾸하지 못했지만 너무 억울합니다. 본부장이 분명히 올해 초에 점포 경영주들의 목소리를 더 잘 듣는 방안을 마련하라고 지시했단 말입니다. 팀원 모두가 밤낮으로 고생하고 있는데 본부장은 알아주지를 않네요. 팀원들 볼 면목이 없어집니다.

결과물과 성과 또는 아웃풋과 아웃컴, 그 미묘한 간극

일할 때 팀장의 노력이 헛되지 않도록 하기 위해, 소위 삽질을 피하기 위해 꼭 알아둬야 할 것이 있습니다. 우리가 일해서 나온 '결과물'이 모두 반드시 '성과'로 이어지는 것은 아니라는 점입니다. 사실 이 둘을 명확하게 구분하는 게 쉽지만은 않습니다. 미묘하게 섞여 있기도 하고, 때로는 일치하기도 하거든요. 용어 자체에 대해서도 다양한 해석이 있지만, 저는 다음과 같이 정의합니다.

결과물(아웃풋Output) = 노력을 투입해서 나온 산출물
성과(아웃컴Outcome) = 진짜 원하는 목적을 달성한 결과

둘의 차이가 보이시나요? 결과물과 성과 모두 열심히 노력해서 나온 산출물인 건 동일합니다. 하지만 결과물이 꼭 성과로 이어진다는 보장은 없습니다. 앞의 강 팀장과 팀원들의 사례를 보면 이 안타까운 괴리를 확인할 수 있어요. 그들은 분명히 불철주야 열심히 일했습니다. 전국에 흩어진 수백 개 점포의 경영주들을 만나 고충을 듣는다는 건 얼마나 고된 일인가요. 팀원 모두가 성실하게 노력한 덕분에 뛰어난 결과물이 나왔습니다. 6개월 만에 100개 점포의 경영주 면담을 통해 1,725개나 되는 건의 과제를 모았으니까요. 탁월한 결과물(아웃풋)입니다.

문제는 '최대한 많은 점포 경영주들을 만나서 많은 건의사항을 수집한다'라는 결과물이 업무의 진짜 목적, 즉 성과(아웃컴)가 아니었다는 사실입니다. 회사가 궁극적으로 원하는 것은 '현장의 목소리를 잘 반영하여 더 나은 경영 전략과 매출을 만든다'였거든요.

안타깝게도 강 팀장은 진짜 목적인 성과를 달성하지 못했을 뿐 아니라 오히려 마이너스 영향을 끼쳤습니다. 점포 경영주가 바쁜 시간을 쪼개어 건의사항을 전달했는데 몇 달이 지나도록 감감무소식이라는 불만만 키웠으니까요. 본부장은 답답해서 화병이 날 지경이고요.

> **"점포 경영주들의 목소리를 좀 더 잘 들어봅시다"**

결과물(아웃풋)

성과(아웃컴)

전국의 100개
점포주 인터뷰.
건의사항
1,725개 취합

현장의 목소리를
잘 반영하여
더 나은 경영 전략과
매출 발생

　물론 진짜 목적에 해당하는 성과를 달성하기 위해 6개월 조사
가 꼭 필요할 때도 있어요. 그런 경우라면 상위 리더에게 미리
설명하고 동의를 받았어야 합니다. 동시에 점포 경영주에게도
진행 일정을 사전에 공유했어야 지금 같은 불상사가 없겠죠.

　그나마 지금의 강 팀장은 본부장에게 혼난 것으로 끝났지만,
만약 연말 실적 발표회 때 팀원들 앞에서 경영진에게 비슷한 질
책을 들었다면 어땠을까요? 초라한 팀 고과를 받으면서 말이죠.
얼굴은 부끄러움으로 홧홧 달아오르고, 팀원들의 원망하는 얼굴
이 가슴에 콱 박힐 겁니다.

길을 잃지 않으려면 팀 성과에 집중해야 한다, 결과물이 아니라

생각보다 많은 팀장들이 결과물과 성과를 혼동합니다. 자주 오해하는 대표적인 예시를 들어보겠습니다. 다음은 팀장들이 상사에게 성과라고 보고하는 대표적 유형입니다. 아래의 실적들은 과연 결과물일까요, 성과일까요?

① 디지털 교육 세미나 50회 개최

② 조직문화 TFT 출범 및 운영

③ 신상품 출시

④ 고객 상담용 챗봇 출시

네, 맞습니다. 결과물이긴 하지만 아직 성과는 아닙니다. 지금까지 글을 읽으신 분들이라면 ① 디지털 교육 세미나 ② 조직문화 TFT 항목은 무리없이 납득하실 겁니다. 세미나와 TFT의 운영 자체가 진짜 원하는 목적은 아니니까요. 어디까지나 수단일 뿐이죠. 세미나를 통해 임직원들이 조직의 비전인 디지털 혁신을 실무에서 구현하는 빈도가 높아졌다든지, 조직문화 TFT 활동을 통해 임직원들의 업무 만족도가 50% 높아졌다는 것들이야말로 진짜 원하는 목적, 즉 성과입니다.

이에 반해 ③ 신상품 출시와 ④ 고객 상담용 챗봇 출시 항목도 성과가 아니라는 건 의아하게 여기실 수 있어요. 지금까지 성과라고 굳게 믿으셨을 테니까요. 만약 경영진이 성과가 아니라고 지적한다면, 도대체 무슨 소리인지 몰라 혼란스러울 팀장이 많을 겁니다. 헷갈릴 때는 언제나 다음과 같이 질문해보면 됩니다.

이건 우리가 진짜 원하는 목적인가?
아니면, 목적을 이루기 위한 수단인가?

우리가 진짜 원하는 목적이 신상품 출시 자체인가요? 그럴 리가 없죠. 신상품 출시는 어디까지나 수단입니다. 진짜 원하는 목적은 매출 증대, 미래 성장 분야 진출, 새로운 고객 확보, 브랜드 이미지 개선 같은 겁니다. 애초의 목적을 달성하지 못한다면 신상품 출시만으로는 팀의 성과라고 볼 수 없어요. 오히려 조직의 자원을 낭비한 실패에 가깝습니다.

고객 상담용 챗봇도 마찬가지예요. 출시했지만 하루에 50명도 이용하지 않는다면 성과가 아니라 낭비입니다. 질문에 적절한 답변 대신 당연한 말만 반복하는 챗봇이라면 고객 경험 역시 떨어질 겁니다. 챗봇이 나오고 나서 고객 상담 직원의 전화 횟수가 오히려 증가했다면 누가 이것을 성과라고 볼 수 있을까요?

다음의 표를 찬찬히 살펴봐주세요. 왼쪽은 결과물, 오른쪽이 성과입니다. 많은 팀장이 표 왼쪽의 내용들을 성과라고 생각하기 쉽지만, 경영진이 생각하는 성과는 오른쪽입니다.

결과물 예시	성과 예시
디지털 교육 세미나 50회 개최	• 디지털 역량 및 데이터 분석력 강화 • AI를 활용한 업무 효율화 사례 ○○건
조직문화 TFT 출범 및 운영	• 부서 간 소통 지수 70% 증가 • 업무 만족도 증가(75→92) • 주니어 직원 이탈률 20% 감소
신상품 출시	• 전체 매출 15% 상승(30억 원) • 10대 고객의 구매 200% 증가 • 온라인 화제성 지수 ○○
고객 상담용 챗봇 출시	• 고객 이용 일 평균 10,000건 • 고객 만족도 상승(57→85) • 상담 직원 업무 변화(단순 응대 → 상담 및 프로모션 진행 → ○억 원 이익)

앞으로는 '조직문화 TFT를 잘 운영했습니다'가 아니라 '부서 간 소통 지수가 70% 증가하고, 주니어 직원 이탈률이 20% 감소했습니다. 조직문화 TFT가 효과가 있었습니다'라고 말해주세요. '고객 상담용 챗봇을 출시했습니다'가 아니라 '고객 상담용 챗봇의 성공적 출시 덕분에 상담원이 단순 업무 위주에서 상담 및 프로모션에 집중하게 되어 이익이 ○억 원 증가했습니다'와 같이 말해주세요. 언뜻 비슷한 것처럼 보이지만, 확연히 다른 이 관점의 차이가 경영진과 팀장 사이의 깊은 간극을 메워줍니다.

요약 _____

- 경영진이 궁금해하는 건 '성과'이다.

- 결과물과 성과는 다르다. 예를 들어, 운동을 매일 1시간씩 하는 건 결과물, 살이 빠지는 건 성과이다.

- 팀장은 눈에 보이는 결과물을 선호하는 경향이 있다. 하지만 성과 대신 결과물에만 집중하면 팀을 곤경에 빠트린다.

_____ Q. _____

"연말에 경영진이 궁금해할
우리 팀 업무의 **진짜 원하는 목적**,
즉, **성과**는 무엇일까?"

이걸 해결해줘요.
사람과 비용을 지원해줄 테니

팀 핵심 사업의 진짜 의미

팀장이 되면 팀 사업 계획을 주기적으로 세웁니다. 1년에 한두 번이 대부분이지만 한 달에 한 번 사업 계획을 세우는 곳도 있습니다. 팀장들은 계획서를 작성할 때마다 무척 스트레스를 받습니다. 현재의 팀 업무를 잘 정리해서 넣으면 고민 없이 똑같은 일만 되풀이한다는 소리를 듣고, 새로운 일을 추가하면 할 일도 많은데 쓸데없는 일을 벌인다는 핀잔을 듣기 일쑤니까요.

　도대체 경영진은 팀 사업을 어떻게 짜라는 걸까요? 비슷하게 작성해도 어느 때는 칭찬을 받고, 다른 때는 질책을 받으니 팀장들은 혼란스럽습니다. 팀 사업 계획을 수월하게, 동시에 탁월하게 작성하는 팀장들의 비결은 대체 무엇일까요?

탁월한 팀 사업의 가장 큰 특징은
'얼라인먼트'

많은 팀장들이 오해하는 게 있습니다. 경영진은 팀장이 멋진 팀 목표를 발굴하지 않아서 불만이라고 생각하는 거죠. 그렇지 않습니다. 팀장이 멋진 계획을 세워오지 않아서 스트레스 받는 경우는 생각보다 드뭅니다. 경영진의 진짜 고민은 회사의 방향과 '다르게' 계획을 세우는 팀장들입니다. 연말에 경영진이 "올 초부터 강조한 게 왜 제대로 안 되어 있습니까. 그동안 몇 번이나 설명했는데!"라고 답답해하는 모습을 본 적 없으신가요?

탁월한 팀 사업 계획은 무엇보다 팀 목표가 조직의 방향, 그리고 상위 부서의 목표와 잘 정렬In Alignment되어 있습니다. 팀 사업 계획을 세울 땐 항상 다음의 그림을 떠올려보세요. 모든 원이 일렬로 잘 정렬된 'In Alignment' 상태와 원이 제멋대로 배치된 'Out of Alignment' 상태의 차이가 잘 드러난 그림입니다.

In Alignemnt

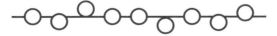

Out of Alignemnt

출처: 위키피디아

팀 사업 계획의 핵심 :
팀 고유의 본업을 더 탁월하게 할 겁니다

우리 팀이 존재하는 이유는 무엇일까요? 팀이라는 형태로 조직에 반드시 기여해야 하는 목적, 즉 할 일이 있기 때문입니다. 상품개발팀, 홍보팀, 기업영업팀, 시설운영팀 등 팀 이름이 정해진 순간부터 그 팀이 해야 할 일이 구체적으로 정해집니다. HR 부서 이름을 인력관리팀에서 성장지원팀으로 바꿀 때는 분명한 의도가 있습니다. 또, 고객대응팀과 고객경험팀은 이름만 봐도 팀업무의 우선순위가 어디에 있는지 느껴지죠. 결국, 팀이라는 건 '이걸 팀 단위로 해결해주세요. 사람과 비용을 지원해줄 테니'의 결과물이라고 할 수 있습니다.

> **"이걸 해결해주세요. 사람과 비용을 지원해줄 테니"**

영업팀
파는 것에 집중해주세요.

상품개발팀
고객에게 유익한 제품을
매년 출시해주세요.

성장지원팀
채용과 교육, 동기 부여 등을
맡아주세요.

생산팀
○○ 제품을 잘 만드는 일에
집중해주세요.

팀 역할의 본질을 이해하면 팀 사업 계획에서 가장 중요한 내용이 무엇인지도 알 수 있습니다. 바로 팀 고유의 본업이죠.

Q. 그 팀은 올해 무엇을 할 건가요?
A. 팀 고유의 본업을 더 잘 해내겠습니다.

여기서 주목할 것은 '더 잘 해내는 것'입니다. '해야 할 일을 무사히 하겠습니다'가 아니에요. 다음은 경영진의 뒷목을 잡게 만드는 많은 팀장들이 범하는 전형적인 실수입니다.

L 팀장 : 올해 기업영업팀의 사업 목표를 발표하겠습니다. 먼저, **신규 고객을 유치하기 위해 노력**하겠습니다. 둘째, **기존 고객 만족도**를 높이도록 최선을 다하겠습니다. 구체적으로는,
경영진 : 잠깐만요. 그건 기업영업팀이 당연히 해야 하는 일이잖아요. 사업 목표는 어디에 있어요?
L 팀장 : …네?

L 팀장의 발표가 왜 잘못인지 모르겠다는 분들은 지금부터 주의 깊게 읽어주세요. 기업영업팀이 기업 고객을 대상으로 영업(신규 고객 유치, 기존 고객 만족도 제고)하는 건 당연한 일입니다. 애초에 그러라고 만든 부서니까요. 그 이름을 가진 팀이라면 당연히 해야 하는 일을 사업 목표라는 이름으로 선언하면 곤란합

니다. 사업 목표라면 팀 소개에 가까운 내용 대신 '어떻게 하면 팀 고유의 본업을 **더 잘할 수 있을까?**'를 말해야 합니다.

　L 팀장 : 기업영업팀의 사업 목표를 발표하겠습니다. 저희는 올해 **기존 고객의 재계약률 80%를 가장 중요한 목표**로 설정했습니다. 저희 팀은 최근 3년 동안 신규 고객 유치에 주력해서 안정적인 사업 기반을 다질 수 있었습니다. 하지만 작년부터 높은 신규 계약률에도 불구하고 전체 매출은 떨어지는 모순이 발생했습니다. 기존 고객의 재계약률이 50%에 불과하다 보니 새로 유입되는 고객보다 빠져나가는 고객이 더 많아진 게 원인이었습니다. 밑 빠진 독에 물 붓기였죠. 따라서 올해는 기존 고객의 재계약률을 80%까지 끌어올리는 데 집중할 계획입니다. 이를 통해 **전체 매출이 20% 증가**할 것으로 기대합니다. 지금부터 구체적인 세 가지 전략을 말씀 드리겠습니다. 첫째….

　팀장이 이렇게 말하는 순간 경영진은 자리를 고쳐 앉을 겁니다. 너무나 중요한 이야기를, 경영진이 기업영업팀에 바라는 '바로 그 이야기'를 하고 있으니까요. 다시 한번 정리해보겠습니다.

- 기업영업팀의 본업 : 기업 고객의 총 매출을 늘리는 것
- 핵심 질문 : 어떻게 하면 팀 고유의 본업을 더 잘해낼까?
- **올해의 팀 사업 목표 : 본업(기업 고객의 총 매출 증가)을 더 잘**

하기 위해 기존 고객 재계약률 80% 달성에 집중하겠다.

여기서 주목할 점은 L 팀장은 팀 고유의 본업을 더 잘하기 위해서 전체 업무량을 늘리지도 않았다는 겁니다. 신규 고객 유치에 쓰던 에너지를 기존 고객 재계약률을 높이는 데 쏟겠다고 했죠. 일 잘하는 팀장이 즐겨 쓰는 영리한 전략입니다.

팀 사업 계획의 핵심 :
조직의 우선순위에 기여할 겁니다

올해 조직의 우선순위가 무엇인지 10초 안에 말할 수 있으신가요? 많은 팀장이 연초에 발표한 조직의 우선순위를 단순한 슬로건처럼 여깁니다. 그러면 안 됩니다. 연초에 발표한 사업 방향은 올해 조직의 역량을 '이곳에' 집중하겠다는 기준점을 공식적으로 선언한 겁니다. 따라서 팀의 사업도 조직의 우선순위와 긴밀하게 연결되도록^{In Alignment} 짜야 합니다.

주력 상품을 바꾸려는 기업 사례

여기 딸기와 포도 같은 과일잼을 주력으로 판매하는 기업 '달콤한 일상(가상)'이 있습니다. 경영진은 과일잼 업계의 경쟁이 치열할 뿐 아니라 단가가 낮아 늘 고민이었습니다. 그래서 전문가의 컨설팅을 통해 마침내 결단을 내렸습니다. 밤 스프레드, 호두 스프레드 등 단가가 높은 프리미엄 시장에 새로 진출하기로 한 거죠. 팀장들에게도 올해 '신규 시장(스프레드) 개척'에 힘써 달라고 당부했어요. 그리고 몇 주 후 사업 회의가 열렸습니다. 가장 먼저 영업 담당인 J 팀장이 발표를 시작합니다.

J 팀장 : 올해 영업팀의 사업 목표를 발표하겠습니다. 지난해 50억 원 매출이라는 큰 성과를 거뒀습니다. 올해는 경기 침체로 영업 환경이 더 어렵겠지만, 저희 팀은 최선을 다해 **55억 원, 즉 10% 매출 상승**을 달성하겠습니다. 구체적인 전략으로는,

경영진 : 잠깐만요. 내용을 보니 모두 기존의 과일잼 판매 전략 위주잖아요. **새로 출시하는 스프레드 제품들은 어떻게** 영업할 예정인가요?

J 팀장 : 네? 아, 네. 물론 그것도 함께 열심히….

경영진 : 어떻게요?

J 팀장 : 그래서 저희도 담당자에게 잘 설명하고, 또….

경영진 : 팀 사업 목표에 구체적인 내용이 전혀 없잖아요. 도대체 신규 제품 성공에 회사의 사활이 걸렸다는 걸 알고는 있는 겁니까? (깊은 한숨) 다시 해오세요.

J 팀장은 시무룩해져서 자리에 앉습니다. 다음 차례인 마케팅 팀 팀장의 얼굴이 하얘졌네요. 아니나 다를까, 매서운 질책을 들

었습니다. 경영진은 회의 시작 1시간 만에 3년은 족히 늙은 듯이 지친 얼굴로 신규 시장 진출의 중요성을 설명합니다.

과연 무엇이 문제였을까요? 팀 사업 계획에 반드시 들어가야 하는 두 가지 핵심 내용을 정리해서 보여 드릴게요.

팀 사업 계획(목표)의 필수 핵심 내용

1.
팀 고유의 본업을
더 잘 해내겠다.

2.
올해 조직의 우선순위에
팀으로서 기여하겠다.

J 팀장은 팀 본연의 업무를 더 잘하겠다는 팀 목표(매출 10% 증가)를 세웠습니다. 영업팀의 본질은 판매, 즉 매출을 높이는 거니까 아주 훌륭합니다. 앞에서 강조한 첫 번째 항목이 잘 반영되었네요. 하지만 경영진에게 까인(?) 이유는 두 번째 중요한 내용이 빠졌기 때문입니다.

- 올해 조직 우선순위 : 프리미엄 신규 시장(스프레드) 진출 성공
- 핵심 질문 : 올해 조직의 우선순위에 팀으로서 어떻게 기여

할 것인가?

　기업 '달콤한 일상'은 올해 밤과 호두 스프레드 시장 진출을 우선순위로 삼았습니다. 그렇다면 영업팀, 마케팅팀, 생산팀처럼 신규 사업에 직접적으로 관련된 부서라면 '올해 조직의 우선순위'에 어떻게 기여할지를 반드시 팀 사업 목표에 반영해야겠지요. 예를 들면 다음과 같이 말입니다.

> ### [기업영업팀] #지역축제연계 #백화점입점

> 밤과 호두가 특산물인 지역의 대규모 축제와 연계해서 판매해보겠습니다. 또한, 프리미엄 이미지를 위해 올해 안에 K 백화점에 입점하겠습니다.

> ### [마케팅팀] #선물용패키지 #콘셉트스토어

> 주요 타깃인 20~30대 여성 공략을 위해 세련된 선물용 패키지를 만들겠습니다. 또한, 한 달간 '스프레드 & 브레드' 콘셉트 매장을 운영하여 SNS에서 입소문이 나도록 할 계획입니다.

　팀 사업 계획에는 반드시 조직의 우선순위가 반영되어야 한다고 말씀 드렸잖아요. 그런데 만약 총무팀 같은 지원 부서나 기존

과일잼 생산 부서처럼 새로운 스프레드 시장 진출과 관련이 없는 부서라면 어떻게 해야 할까요? 그런 경우라도 예외는 아닙니다. 어떤 조직이든 한 가지 우선순위만 말하는 곳은 없으니까요. 대개 3~5개 정도의 핵심 사업 방향을 정하기 마련이니 그중 하나를 우선순위로 삼으면 됩니다.

요약 _____

- 팀 사업 계획을 잘 세우려면 조직이 지향하는 방향 및 상위 부서의 목표와 잘 정렬In Alignment되게 해야 한다.
- 팀 사업 계획에는 반드시 '팀 고유의 본업을 더 잘하는 방법'과 '그해 조직의 우선순위에 팀으로서 기여할 방법'이 담겨야 한다.

———————— **Q.** ————————

"우리 팀 사업 계획을 살펴보자.
팀 업무의 소개와 요약을 넘어서는
올해의 약속은 무엇인가?"

팀원과 함께
팀 목표를 세워보자

팀 사업 계획은 팀원과 함께 짜는 것
그러나 현실은?

팀장은 팀 사업 계획이 매우 중요한 과제다 보니 팀원들이 적극적으로 참여해주길 기대합니다. 하지만 현실은 언제나 그렇듯 녹록지 않습니다. 팀원들 모두 고민해올 수 있도록 사업 계획 회의 일정과 안건도 미리 공지했건만, 막상 시작하면 다들 약속이나 한 듯이 침묵을 지킬 뿐입니다. 결국 팀장이 답답한 마음에 이것저것 의견을 던져 봅니다. 하지만 피드백도 영 시원찮네요.

이런 상황이 부담스러운 팀장은 경험 많은 고연차 팀원을 지명해 사업 계획 작성을 떠넘기기도 합니다. 일단 알아서 잘 써오

라고 시킨 후 '이건 왜 넣었냐, 저건 왜 안 들어갔냐'며 무한 수
정을 반복해요. 1년 사업의 방향과 전략을 짜는 업무는 팀장의
주요한 책임이자 권리라는 사실을 망각한 모양새입니다.

사업 계획을 세울 때 이처럼 브레인스토밍이라는 이름으로 답
을 무작정 채근하거나 특정 팀원에게 일방적으로 떠맡기는 행동
은 모두 바람직하지 않습니다. 원하는 수준의 결과가 나올 가능
성도 거의 없어요. 그런데 '내가 팀장이 되면 저렇게는 하지 말
아야지.' 다짐했던 분들도 막상 어떻게 다르게 해야 할지 몰라
막막해하는 경우가 많습니다.

그런 분들을 위해 '달콤한 일상' 기업의 마케팅팀 회의 모습을
살짝 보여 드릴게요. 등장인물은 채도윤 팀장, 그리고 팀원들에
서윤(7년 차), 민규(4년 차), 유진(3년 차), 재민(3개월)입니다. 이
팀의 내년도 사업을 위한 브레인스토밍 회의가 시작되었습니다.

팀장 : 오늘 회의 주제는 내년 사업 계획입니다. 아시다시피 사
업 목표를 잘 짜는 건 정말 중요해요. 기왕이면 조직에서 우리
팀을 제대로 인정해주고, 우리 개인의 경력과 실력에도 확실하
게 도움이 될 업무를 해야 보람 있지 않겠어요? 다들 적극적인
참여 부탁합니다.

팀원들 : (조금 어색하지만, 웃으며) 네.

팀 사업 계획 작성 ① :
기존 업무 점검

팀장 : 우리 마케팅팀이 작년에 세웠던 사업 계획서와 1년 동안 실제로 했던 업무 실적을 나눠 드릴게요. 5분 정도 시간을 드릴 테니 천천히 읽어보시죠.

(팀원들이 읽는 동안 앞으로 나가 화이트보드 앞에 선다.)

팀장 : 다 읽으셨나요? **작년 업무 중에서 우리 팀이 내년에도 계속해야 하는 업무**가 뭔지부터 살펴봅시다. 뭐가 있을까요?

팀원들 : ….

팀장 : (웃으며) 다들 이야기하셔야 끝납니다.

서윤 : 채널별로 광고 집행하는 건 계속해야 할 것 같아요.

팀장 : 감사해요. 서윤 님께 큰 박수 부탁 드립니다. (엄지를 치켜세우며 웃은 후 가장 크게 손뼉을 친다. 분위기가 조금 편안해진다.)

민규 : SNS에 제품 스토리 올리는 것도 계속했으면 좋겠어요.

팀장 : 저도 동의합니다. 올해 민규 님이 올리신 게시물들의 반응이 좋았잖아요.

(이후 화이트보드에 팀원들이 말한 굵직한 사업들을 적어 나간다.)

팀장 : 좋습니다. 이렇게 보니 우리 마케팅팀이 정말 많은 일을 하고 있었네요. 대단한 분들이구나, 다시 한번 실감합니다. 그럼 이번에는 관점을 조금 바꿔볼까요? **작년에 했었지만, 올해는 하지 않았으면 하는 업무**들도 있잖아요. 어떤 게 있을까요?

팀원들 : (말해도 될지 서로 눈치만 보며)….

팀장 : 저부터 말할까요? 강릉 축제에서 직접 잼을 만들어서 팔았던 행사 같은 건 이제 안 했으면 좋겠어요. 더운 날씨에, 많은 업무에, 우리 팀 모두 너무 고생했잖아요. 유진 님은 어지럼증으로 쓰러질 뻔했고요. 고생과 비교하면 홍보 효과도 아쉽고 기업 이미지에 딱히 도움이 된 것 같지도 않아요. 다음에 기획실에서 비슷한 요청이 오면 딱 잘라 거절하려고요.

유진 : 맞아요. 39도 날씨에 야외에서 잼 통을 끝도 없이 젓다 보니까 나중엔 하늘이 노래지더라고요.

일동 : (한동안 키득거리며 그날의 일화를 이야기한다.)

팀장 : 맞아요. 바로 그런 일들을 빼봅시다. 아니면 최소한 다르게 할 방법을 찾아봐요.

(화이트보드에 '주요 업무' 옆에 '안 하면 좋은 일'을 적기 시작한다.)

팀 사업 계획 작성 ② : 두 가지 핵심 내용 반영

팀장 : 팀의 연간 목표를 세울 때 제가 가장 중요하게 생각하는 것 두 가지가 있습니다. '어떻게 하면 팀 고유의 본업을 더 잘할 수 있을까?' 그리고 '어떻게 하면 올해 조직의 우선순위에 팀으로서 잘 기여할 수 있을까?' (화이트보드에 두 문장을 적는다.) 이렇게만 적어놓고 보니 조금 모호한 것도 같아서 하나씩 설명해

볼게요. 첫 번째로, '어떻게 하면 팀 고유의 본업을 더 잘할 수 있을까'는 어떤 의미일까요?

서윤 : 지금보다 더 열심히 일해라?

일동 : 하하하.

팀장 : 아휴, 지금도 다들 열심히 하고 계시잖아요. 일의 양은 늘리지 않으면서 더 잘 해낼 수 있는 걸 찾아봅시다. 예를 들면, 지금 서윤 님이 하는 팝업 스토어는 어떤가요? 너무 잘하고 계시지만 1년에 네 번이나 하다 보니 일이 너무 많잖아요.

서윤 : 그렇긴 해요. 그래도 반응이 워낙 좋으니까….

팀장 : 혹시 아예 한 달 동안 팝업 매장을 내보면 어떨까요? 임시 부스 정도가 아니라 아예 제대로 매장을 빌려서요.

서윤 : 오, 그래도 되나요?

팀장 : 타깃 소비자에게 더 효과적이라면 당연히 해도 되지요. 판단은 일차적으로 실무자들이 해주시면 됩니다.

팀원들 : (고개를 끄덕인다.)

팀장 : 두 번째인 '어떻게 하면 올해 조직의 우선순위에 팀으로서 잘 기여할 수 있을까'에 관해 말씀 드릴게요. 여러분도 아시다시피 올해 경영진은 밤과 호두 같은 스프레드 제품의 성공에 집중하고 있어요. 기존 과일잼 시장은 경쟁도 심하고 마진이 낮아 여기에만 매달릴 수 없다고 판단했거든요. 저도 동의합니다. 따라서 **우리도 '스프레드 시장 성공'에 우선순위를 두어야 해요. 마케팅팀으로서 어떻게 기여할 수 있을까요?**

민규 : 저희 채널별 광고 집행 예산이 ○억 원이잖아요. 그중 절반은 스프레드 제품 홍보에 써야겠네요.

팀장 : 민규 님, 좋은 의견입니다. 또 어떤 게 있을까요?

재민 : 제 업무 중에 레시피를 SNS로 공유하는 게 있잖아요. 스프레드 맛있게 먹는 먹팁을 시리즈로 올리면 좋을 것 같아요.

팀장 : 재민 님, 진짜 좋은 의견이에요. 우리 팀은 신입도 내공이 장난 아니네요.

팀원들 : (웃는다. 그리고 화이트보드를 보며 곰곰이 생각한다.)

팀장 : 회의는 여기까지 할까요? 다들 생각해볼 시간이 필요할 테니까 구체적인 이야기는 다음 회의에 이어서 합시다. 다음번 회의의 두 가지 규칙을 말씀 드릴게요.

첫째, 모든 의견은 환영받을 것이다. (의견 없음만 빼고.)

둘째, 의견을 낸다고 담당자가 되지는 않는다. (떠맡을 걱정 없음!) 만약 다들 하고 싶다면 제안자가 우선권을 갖는다.

자, 아셨죠? (웃음) 내년에 역할 분담을 새롭게 할 거니까 현재 업무를 넘어서 넓게 생각해주세요. 오늘은 다른 업무를 하지 마시고 자료 조사나 편안한 수다성 회의, 혼자 사색하기 등에 집중하시면 됩니다. 그럼 내일 10시에 봬요.

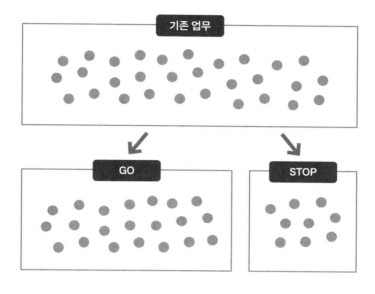

○○년도 마케팅팀 사업 계획

기존 업무

GO

STOP

팀 사업 계획(목표)의 필수 내용

팀 고유의 본업을
더 잘 해내겠다.

올해 조직의 우선순위에
팀으로서 기여하겠다.

일의 양 늘리기 X

밤&호두 스프레드
신규 제품 성공

1차 회의는 여기까지입니다. 아무것도 없는 상태에서 팀장이 어떻게 구성원들의 참여를 끌어내는지 볼 수 있었어요. 1차 회의는 대체로 두세 시간 정도면 적당합니다. 오전에 시작해서 회의를 마친 후 맛있는 점심 식사로 마무리하길 추천합니다.

2차 회의를 오후에 바로 이어서 할 수도 있지만, 팀원들은 자료를 찾아보거나 곰곰이 생각할 시간을 가진 후에 의견을 내는 것을 선호하는 경우가 많으니 반나절 또는 하루의 시간을 주는 것이 좋습니다. 물론 넉넉하게 일주일 정도 여유를 둘 수도 있겠지만, 대부분의 팀원들은 잊어버리거나 다른 일을 하다가 회의 전날에야 닥쳐서 고민할 가능성이 크니 추천하진 않습니다. 이어서 다음날 이어진 2차 회의 모습을 보시겠습니다.

팀 사업 계획 작성 ③ : 팀원별 아이디어 토론

팀장 : 어제에 이어서 팀 사업 회의를 진행하겠습니다. 한 분씩 이야기해볼까요? 먼저 서윤 님부터 시작하시죠.

서윤 : 저는 어제 팀장님이 말씀하신 콘셉트 스토어가 계속 머릿속에 남더라고요. 한 달 동안 '스프레드 & 브레드'라는 콘셉트 매장을 열면 어떨까 해요. 정말 세련되게 해서 입소문이 나게요. 베이커리 카페이긴 한데 다양한 스프레드를 맛볼 수 있게 하는 거죠. (휴대전화를 보여주며) 여기요. 제가 SNS에서 찾은 사진들인

데요. 비슷한 느낌으로 열면 근사할 것 같아요.

팀장 : 멋있네요. 스프레드 홍보에도 도움이 되고 저희가 현장에서 찐 리뷰도 들을 수 있겠어요.

서윤 : 맞아요. 콘셉트 매장을 열면 신규 상품의 시식 행사 업무는 확 줄여도 될 걸요?

팀장 : 일석이조, 아니 일석삼조 프로젝트네요. 서윤 님, 고마워요. 자, 그럼 다음 분 이야기해주실까요?

민규 : '팀 고유의 본업을 더 잘하는 것'을 곰곰이 생각해봤어요. 저는 평소 우리 회사의 과일잼이 평가 절하된 것 같아서 늘 불만이었거든요. 아무래도 마트 식자재 판매대에만 있다 보니 가성비 위주의 저렴한 제품만 팔리잖아요. 프리미엄 패키지로 선물용 상품을 구성하면 어떨까 싶어요.

팀장 : 음, 솔깃하네요. 좀 더 구체적으로 얘기해줄 수 있어요?

민규 : 카톡 선물하기나 핸드메이드 제품 쇼핑몰인 아이디어스 같은 곳을 보니까 과일잼을 선물 패키지로 그럴듯하게 만들어놓으니 판매가 잘 되더라고요. 게다가 요즘은 기업들이 3~4만 원대의 단체 선물을 찾기 어려워서 고민이 많대요. 저희도 포장을 고급스럽게 해서 선물용 패키지를 재구성해보면 어떨까요?

팀장 : 정말 좋은 의견이에요. 소비자들이 식료품이 아니라 선물이라면 확실히 좀 더 고급스러운 걸 기대할 테니까요.

민규 : 제 말이 바로 그겁니다.

팀장 : '식자재가 아니라 나를 위한, 또는 소중한 이를 위한 선

물용으로 재구성하기'라…. 민규 님의 관점은 여러 곳에 유용하게 적용할 수 있겠어요. 잼 구독 서비스를 시작할 수도 있고요. 다른 분들은 어떻게 생각하세요? (이후로도 회의는 계속된다.)

팀장이 활발한 진행자가 되어
의견에 인센티브를 준다

'달콤한 일상'의 마케팅팀 회의는 여기까지 보는 것으로 할까요? 추가로 말씀 드리면 팀원들은 이후로도 의견을 조심스럽게, 그 다음은 활발하게 냈습니다. 팀장이 약속대로 어떤 의견에도 부정적인 코멘트를 하지 않고 매번 환영했거든요. 이 포인트가 정말, 정말 중요합니다.

아이디어들이 많이 나왔다면, 잠시 쉬었다가 우선순위를 고르는 작업을 합니다. 다양한 의견을 덧붙이며 심도 깊은 토론도 하고요. 그리고 새로 나온 아이디어와 기존의 업무를 연계할 수 있다면 가능한 한 엮어서 일의 총량이 늘어나지 않게 신경 씁니다. 특히, 다음의 문장을 추가로 질문하시면 갑자기 모두가 동기 부여되는 아름다운 모습을 보실 수 있을 거예요.

> "기왕이면 기존 업무에 얹어서 일을 줄여봅시다.
> 어떻게 해볼 수 있을까요?"

예를 들어, 서윤 님의 '스프레드 & 브레드' 콘셉트 매장을 한다면 1년에 네 번 하던 과일잼 팝업 스토어는 없애고 '스프레드 & 브레드' 매장 한쪽에 잼 코너를 마련하는 방식으로 대체해도 됩니다. 그리고 팝업 매장을 열 때 고민 중의 하나는 초반에 고객이 안 오는 문제잖아요. 그렇다면 마케팅팀이 매년 하는 우수 고객 초청 행사를 팝업 매장의 오픈 행사와 연계하면 어떨까요? 따로 진행하는 것보다 일이 5분의 1로 줄어들 겁니다. 매장이 첫날부터 고객으로 북적거리는 효과는 물론이고요.

새로운 아이디어를 제안했을 때 일이 늘기보다는 오히려 자잘한 업무가 줄어드는 가능성을 보여주면 다들 의욕이 올라갑니다. '새로운 도전을 한다 = 기존 업무에 덧붙여 추가로 일을 더해야 한다'라면 누가 아이디어를 내겠어요. 물론 반대로 '새로운 아이디어를 낸다 = 기존 업무는 하지 않는다'도 곤란합니다. 어떤 경영진이 이걸 반기겠어요. 그러니 새롭게 도전하되 기존 업무에 녹이는 전략을 짜는 게 가장 유리합니다.

지금까지 어떠셨나요? 조금 엿본 정도지만, 다른 팀의 생생한 사업 회의 모습이 여러분께 도움이 되었으면 좋겠네요. 매년 팀 사업 계획과 목표를 세우느라 고민 많으신 팀장님들께 커다란 응원을 보냅니다.

요약 _____

- 팀 사업 계획 회의를 할 때는 팀장이 진행자 Facilitator가 되어서 카테고리를 나누고 집중적으로 토론할 주제를 제시한다. 무작정 브레인스토밍을 시작하면 활발한 참여를 이끌어내기 어렵다.
- 팀원의 아이디어를 비난하면 안 된다. 그 즉시 팀원들은 영리하게 침묵할 것이다. 먼저 지지하고, 성공할 전략들을 덧붙이자.

Q.

"나는 팀 사업 계획을 정할 때
팀원들이 활발하게 의견을 내며 참여할 수 있도록
판을 잘 깔아주고 있나?"

Chapter 3

많은 프로젝트를
동시에 잘 관리하는 법

OKR, MBO가
정말 업무에 도움이 되나?

정말 도움이 되더라고요,
의외로

팀장이라면 OKR, MBO, KPI 같은 성과 관리 도구에 대해 들어
봤을 겁니다. 잘나가는 기업들이 다 활용하는 도구라고들 하지
만 왠지 껄끄러운 느낌이 들 때가 많지 않나요. 현실 업무에 별
로 와 닿지 않으니까요. 경영진에게 보이기 위한 성가신 숙제로
만 느껴질 때가 대부분입니다.

　하지만 성과 관리를 검색할 때 제일 먼저 OKR, MBO 등이 나
오는 걸 보면 분명히 누군가는 도움을 받고 있다는 뜻이겠지요.
저 역시 이런 도구를 꽤 유용하다고, 특히 팀장에게 꼭 필요하다

고 생각하는 쪽입니다. 왜냐하면, 성과 관리 도구는 한 가지 프로 젝트를 수십 명이 함께 진행할 때도, 혹은 여러 명과 수십 가지 프로젝트를 동시에 하더라도 서로 헤매지 않고 같은 목표를 향해 달려갈 수 있게 도와주거든요. 특히 평소에 팀원이 엉뚱한 방향으로 일하는 게 답답했던 팀장이라면 큰 도움을 받을 수 있을 거예요.

성과 관리 도구는 역사가 오래된 만큼 관련된 책만 해도 수백 권이 넘습니다. 책뿐 아니라 온오프라인 강의도 다양하지요. 하지만 팀장이라면 복잡한 기법보다는 일단 가장 쉽게 꺼내쓸 수 있는 도구부터 활용하시는 게 좋습니다. 심화 버전은 일하면서 점차 쌓아나가면 되니까요.

그런 의미에서 저는 OKR을 사용해서 어떻게 성과 관리를 하는지 보여 드릴게요.[1] OKR이 가장 탁월한 도구는 아니겠지만 직관적이고 단순해서 누구나 몇 번만 연습하면 쉽게 적용할 수 있거든요. OKR의 핵심 요소는 'O^Object(목표)', 'KR^Key Results(핵심결과), 이렇게 두 가지로 이루어져 있습니다.

① O(목표) : 원하는 목표가 무엇인가?
② KR(핵심결과) : 목표가 성공했다는 걸 어떻게 아는가?

---

[1] 설립 초기부터 OKR을 사용했던 구글은 최근 GRAD(Google Reviews And Development)로 바꾸었지만, 이는 OKR 자체의 문제라기보다는 현업에 적용하는 과정에서 동료 평가 및 작성 양식이 과도해짐에 따라 직원들의 피로감과 공정성에 대한 의문 등이 생겨 이를 해결하려는 노력으로 보인다.

성과 관리란? 다양한 구성원들끼리
공통된 '무엇'과 '어떻게'를 공유하는 것부터

팀원들과 일할 때, 다른 부서나 외부 기관과 협업할 때 공통의 목표나 전략을 공유하지 않은 채 일하는 경우가 의외로 많습니다. 어느 방향으로 가야 하는지 이미 서로들 잘 알고 있다고 착각하거나 OKR 같은 성과 도구를 평소의 업무에 활용하는 게 왠지 쑥스럽기 때문이에요. 하지만 팀으로 일하는 구성원이 제각각 다른 목표와 성공 기준을 갖고 있다면 원하는 성과를 얻기는 어렵지 않을까요. 다음은 성과 관리 없이 중구난방으로 일했던 세 친구가 어떤 어려움을 겪는지 잘 보여주는 사례입니다.

아이스크림 가게를 창업한 세 친구의 사례

선미, 재선, 도영, 이렇게 세 명의 친구는 졸업 후 의기투합하여 아이스크림 가게를 공동 창업했습니다. 세 명 모두 성공을 위해 최선을 다했습니다. 선미는 방문하는 고객들이 좋은 느낌을 받을 수 있도록 하루에 세 번씩 가게를 말끔하게 청소했습니다. 재선은 고객이 방문할 때마다 열정적으로 메뉴를 설명했습니다. 도영은 SNS에 가게 소개를 열심히 올렸고요.

하지만 일주일, 한 달, 두 달, 시간이 지나도 아이스크림 가게에는 손님이 늘지 않았습니다. 텅 빈 매장을 보며 세 친구는 열심히 하고 있는데 대체 뭐가 문제인지 고민하다가 결국 재선의 이모에게 도움을 청해보기로 합니다. 그의 이모는 수십 개의 프랜차이즈 매장을 성공적으로 낸 뛰어난 사업가거든요. 조카의 부탁으로 가게에 방문한 이모는 세 친구의 이야기를 신중하게 듣고 난 후 입을 열었습니다.

이모 : 선택과 집중을 할 공동의 목표가 구체적이지 않으면 지금처럼 문제가 생기곤 한단다. 먼저 이것부터 정하는 게 좋겠어. 이 **아이스크림 가게의 목표가** 뭐지?

재선 : 목표는…. 음, 돈을 많이 버는 거?

도영 : 사람들이 많이 오는 거요!

선미 : 저는 동네에 마음에 쏙 드는 아이스크림 가게가 없는 게 늘 불만이었거든요. 사람들이 좋아해줬으면 좋겠어요.

이모 : 난 이렇게 솔직한 이야기가 참 좋더라. (웃음) 돈을 많이 벌고, 사람들이 좋아하고 북적대는 장소가 되는 거. 아주 좋은 목표지. 다만 좀 더 직관적인 표현으로, 너희가 서로 다른 그림을 그리지 않도록 쉽게 딱 이해할 수 있는 표현이면 좋겠어.

선미 : 동네의 핫플 되기?

도영, 재선 : 오! 그거 좋다.

이모 : 좋아. 그러면 **'동네에서 사랑받고 유명한 아이스크림 핫플레이스가 되자'**를 목표라고 할 수 있겠네?

선미 : 바로 그거에요!

이모 : 이제 두 번째 중요한 질문이야. 만약 이 목표가 제대로 이루어지고 있다면 어떤 모습들이 나올까? 다시 말하면, **목표가 성공하고 있다는 걸 너희들이 어떻게 알 수 있지?**

재선 : 가게에 손님들이 많이 오겠죠.

이모 : 어느 정도?

재선 : 그래도 매일 100명은 와야 하지 않을까요? 음⋯. 그러면 아이스크림을 매일 사 먹는 학생들이 자주 와야겠어요.

이모 : 좋아. 또 어떤 게 있을까?

도영 : 동네 핫플이라면 최소한 동네 사람들은 다 여기에 아이스크림 가게가 있다는 걸 알아야 하지 않을까요?

이모 : 동네는 어느 정도까지를 의미하는 거지?

도영 : 최소한 우체국 건물까지는 돼야 할 것 같아요.

이모 : 그러면 반경 3km 정도?

도영 : 맞아요. 어⋯. 그러면 홍보 전략을 바꿔야겠네요. 우리 동네 분들은 SNS를 잘 안 하시거든요.

세 친구는 신나서 이야기를 이어갔습니다. 잠시 후 이모는 고객의 재방문율도 중요한 성공 요인이니 추가하라는 조언을 한 후 매장의 냅킨 위에 쓱쓱 메모를 했습니다.

★ 원하는 목표

동네에서 사랑받고 유명한 아이스크림 핫플레이스가 되자!

★ 원하는 목표가 이뤄졌다는 걸 어떻게 알 수 있을까?

① 매일 100명(월 3,000명)이 방문한다.

② 동네(가게 반경 3km) 사람들은 우리의 아이스크림 가게가 여기에

　있다는 사실을 모두 알고 있다.

③ 방문한 고객 10명 중 3명은 한 달 안에 다시 찾아온다.(재방문율 30%)

세 친구는 고개를 크게 끄덕였습니다. 이후 그들은 각자의 생각대로 열심히만 하던 걸 멈추고 이모가 적어준 메모를 아침마다 보았습니다. 자연히 행동도 바뀌었죠. 선미는 매장 청소 대신 근처의 학생들이 좋아할 만한 메뉴를 고르고 토핑을 다양하게 바꾸었습니다. 도영은 불특정 다수를 위한 SNS 대신 맞춤형 지역 홍보에 집중하기로 했습니다. 재선은 재방문 고객을 늘리기 위해 '주간 아이스크림' 구독 서비스를 시작했습니다. 매주 금요일에는 다 같이 세 개의 지표를 보며 잘 가고 있는지 점검했습니다. 3개월 후, 그들은 그동안의 성과와 진전을 토대로 좀 더 명확해진 목표와 핵심결과를 세우게 됩니다.

세 친구의 이야기가 어떠셨는지요. 여기서 가게의 성공 전략이나 브랜딩이 훌륭했는지는 핵심이 아닙니다. 목표 설정과 그것을 점검하기 위한 지표들의 역할에 집중해주세요. 처음에 세 친구들은 제각각의 판단대로 행동했기에 열심히는 했을지언정 모두 만족할 만한 결과는 얻지 못했습니다. 공통의 '무엇What'도, 공통의 '어떻게How'도 없는 상태였으니까요. 이모의 도움 덕에 세 친구는 방향을 좁혀서 같은 곳을 향해 달려갈 수 있게 되었습니다. 그들을 도와준 질문은 OKR입니다. 즉, 원하는 목표가 무엇인지와 그 목표가 달성되었다는 걸 어떻게 알 수 있는지 여부였습니다.

성과 관리란?
팀원에게 집중할 우선순위를 알려주는 것

OKR의 목표와 핵심결과를 설정하는 게 생각보다 어렵거나 거창하지만은 않지요? 컨설팅 기업 등이 내놓은 정교한 결과물을 보고 지레 겁먹을 필요는 없습니다. 기법을 모두 익혀야 비로소 성과 관리를 할 수 있는 건 아닙니다. 오히려 팀장이 일상 업무에 OKR의 취지를 잘 활용하는 모습이 팀원과 상위 리더에게 훨씬 깊은 인상을 줍니다. 다음의 사례처럼 말이지요.

팀원의 워크숍 준비를 코칭하는 곽 팀장 사례

곽 팀장은 중견기업 조직문화팀에서 일하고 있습니다. 팀원인 송 과장은 두 달 앞으로 다가온 임직원 야외 워크숍을 준비하느라 요즘 고민이 많습니다. 얼굴이 어두워진 송 과장을 보며 민 팀장은 잠깐 대화를 청합니다.

팀장 : 임직원 야외 워크숍 준비하느라 고생이 많아요. 송 과장은 이번 워크숍이 어떤 모습이었으면 좋겠어요?

팀원 : 아휴, 사고나 안 났으면 좋겠어요. 다들 불평불만도 적당히 하고요.

팀장 : 하하, 저도 동감합니다. 그래도 기왕이면 호평을 들으며 의미 있는 시간으로 만들면 좋잖아요. 혹시 '이런 모습이면 좋겠다' 하고 어렴풋하게라도 생각한 방향이 있나요?

팀원 : 다 같이 참여하는 행사면 좋겠어요. 지금까지는 체육대회 중심이라서 운동 신경이 없는 사람은 들러리처럼 앉아만 있어야 했거든요. 다들 지루하다고 난리예요. 그리고…. 아, 맞다. 현장에서 할 일이 적으면 좋겠어요. 팀의 막내들은 물품 준비하랴, 고기 구우랴, 너무 힘들다고 매번 불평이 많아요.

팀장 : 좋은 의견입니다. 그러면 **목표를 '모두가 참여하고 편안하게 즐길 수 있는 의미 있는 축제를 만들자'**로 할까요?

팀원 : 좋아요. 괜찮은 것 같아요!

팀장 : 이 목표가 성공적으로 잘 달성된다면 어떤 모습일까요?

팀원 : 일단 구경만 하다 돌아가는 사람은 없어야겠고요.

팀장 : 맞아요. 그리고요?

팀원 : 음…. 글쎄요. 또 뭐가 있죠?

팀장 : '팀 막내를 여유롭게'는 어때요?

팀원 : 오! 다들 진짜 좋아하겠어요. 그리고 하나 더요. 오랜만에 모든 직원이 모이는 만큼 기존에 잘 몰랐던 타 부서 사람들과도 교류할 수 있다면 의미 있을 것 같아요.

팀장 : 좋아요. 그러면 이렇게 합시다.

프로젝트명 : ○○년도 임직원 전체 야외 워크숍

목표(O) : 모두가 참여하고 즐길 수 있는 의미 있는 축제

핵심결과(KR) : #모두가 참여할 수 있는(2번 이상)

#막내가 여유로운(일하는 시간 30분 이내)

#얼굴만 알던 사람과 교류하는(5명 이상)

처음에 송 과장은 워크숍의 목표와 성공 지표 모두가 희미했지만 팀장과의 회의를 통해 훨씬 명확하게 알게 되었습니다. OKR에서 중요한 건 회사 혹은 팀장 그리고 실무자가 모두 합의한 공통의 목표를 명확한 문장으로 정리하고 공유하는 겁니다. 그리고 당연히 '핵심결과'들의 총합은 '목표'와 같아야겠죠.

- OKR, MBO, KPI 같은 성과 관리 도구는 여러 사람이 함께 일할 때 같은 방향으로 뛸 수 있도록 도와준다.
- OKR은 '목표Objective'가 무엇인지, 그 목표가 달성된 걸 어떤 '핵심결과Key Results'로 알 수 있는지를 명확하게 정하고 서로 점검하는 방식이다.
- 팀원을 코칭할 때 OKR이나 본인에게 편안한 성과 도구를 사용하는 습관을 갖자. 각자의 머릿속에서 막연하던 성과가 구체적인 언어로 바뀔 것이다.

——————————————— Q. ———————————————

"나의 팀원은 맡은 업무의 성과, 즉
'목표'와 **'핵심결과'**를 정확히 알고 있는가?
적어도, **팀장인 나**는 알고 있는가?"

OKR로
성과를 관리해보자

목표와 핵심결과 정하기

아이스크림 가게를 도와준 이모와 워크숍 담당 팀원을 지원한 팀장은 모두 OKR을 사용하였습니다. 목표와 핵심결과를 명확한 문장으로 정리함으로써 구성원들과 공통된 '무엇'과 '어떻게'를 공유했어요. 언뜻 쉬워 보이지만 막상 본인의 업무에 적용해보려면 만만치 않습니다. 목표는 어떤 식으로 써야 하는지, 핵심결과는 무엇을 골라야 하는지 난감하거든요. 팀장이 팀과 팀원의 성과 관리에 OKR을 잘 활용하려면 어떻게 해야 할까요?

유용한 팁을 드리자면 목표와 핵심결과를 정할 때 다음의 세 가지를 기억하시면 됩니다. 첫째, 목표(O)는 스스로 동기 부여가 될 만큼 설레는 문장으로 씁니다. 둘째, 핵심결과(KR)는 무엇을 하겠다는 행동보다는 '무엇이 되겠다'에 초점을 맞춥니다. 셋째,

핵심결과(KR)는 구체적인 숫자와 데이터 지표로 표현합니다. 일단 이 세 가지만 지켜도 좋은 출발입니다.

- **목표(O)** : 동기 부여가 되는 문장으로 작성
- **핵심결과(KR)** : ① '무엇을 하겠다'보다는 '무엇이 되겠다'에 초점 ② 구체적인 숫자나 데이터로 표기

목표는 '달성되면 정말 좋겠다'는 마음이 드는 문장으로 작성

많은 팀장들은 목표를 선언하는 문장을 'A 상품 월 매출 1억 원 달성', '신규 가입자 1,000명 달성'처럼 숫자로 씁니다. 그런데 이런 식의 목표는 보는 순간 갑갑해지지 않나요? 커다란 독에 물을 가득 채워야 하는 고된 노동을 마주한 기분이랄까요. 달성하지 못하면 나를 가만두지 않겠구나, 라는 부담감이 팀원의 마음을 무겁게 할 겁니다.

OKR의 조언은 이렇습니다. 목표를 세울 때 '구성원의 가슴을 뛰게 만드는 문장'으로 만들라고요. 도전적인 목표여서 긴장감이 느껴지는 난도이지만, 해낸다면 정말 좋긴 하겠다는 설렘이 느껴지는 일을 목표로 삼으라는 겁니다.

A 제품 월 매출 1억 원 달성, 신규 가입자 1,000명 달성 같은 목표를 OKR의 방식으로 바꿔봅시다. 먼저 이 항목들이 왜 나왔

는지부터 생각해보겠습니다. 하늘에서 갑자기 뚝 떨어진 숫자는 아닐 거잖아요. 어떤 이유로 해당 숫자가 나온 걸까요?

① 월 매출 1억 원은 되어야 해당 카테고리에서 5위 안에 들 수 있기 때문이다.
② 신규 가입자가 1,000명 정도 되면 우리 브랜드가 새로운 고객들에게 잘 전파되고 있다는 뜻이기 때문이다.

이런 식의 대답을 생각해볼 수 있겠네요. 그렇다면 '바로 그 이유'를 목표로 적어줍시다. 좀 더 직관적이고 동기 부여가 되는 문장으로 말이죠. 앞의 세 친구가 아이스크림 가게 목표를 '동네에서 사랑받고 유명한 아이스크림 핫플레이스가 되자'라고 잡았던 것처럼 말입니다. 아래처럼 바꾸면 어떨까요?

'○○ 분야에서 다섯 손가락 안으로 사랑받는 제품 되기'
'새로운 고객이 몰려오는 핫한 브랜드 이미지 만들기'

매출 1억 원보다는 '○○ 분야에서 다섯 손가락 안으로 사랑받는 제품 되기'라는 말이 더 설렙니다. 신규 가입자 1,000명 가입보다는 '새로운 고객이 몰려오는 핫한 브랜드 이미지 만들기'가 더 동기 부여가 되죠. 예시를 몇 개 더 보여 드릴게요.

- **영업팀 목표** : '눈팅만 하는 고객을 찐 팬으로 만든다' – 충
  성 고객 발굴 및 육성

- **마케팅팀 목표** : '○○를 고민하는 사람이라면 제일 먼저 우
  리 제품(서비스)을 검색하게 만들자' – 디지털 공간에서 제
  품(서비스) 인지도 증가

- **조직문화팀 목표** : '너의 흑역사를 막아주마. 업무 노하우를
  적극적으로 공유하는 이타적 문화 만들기' – 업무 경험의 활
  발한 공유 문화 조성

기왕이면 '진짜로 된다면 정말 좋긴 하겠다'라는 마음이 드는
목표를 정합시다. 마음이 움직이는 건 팀원뿐이 아닙니다. 팀장
도, 심지어 보고를 받는 경영진 역시 마찬가지랍니다.

핵심결과는 '무엇을 하겠다' 보다는
'무엇이 되겠다'로

목표를 위한 구체적 지표를 정하라고 하면 사람들은 '무엇을 하
겠다'라는 행동 위주로 적곤 합니다. 어렸을 때부터 계획표를 작
성할 때면 해야 할 일 또는 하지 말아야 할 일을 빼곡히 적는 것
부터 시작했으니까요. 이 방식이 잘못된 건 아니지만 자칫하면

목표는 뒷전이고 일단 해야 할 일을 무사히 끝내는 것에만 매달릴 우려가 있습니다.

예를 들어, 직장에 다니는 30대 여성이 축구 선수처럼 민첩하고 날렵한 몸을 만들겠다는 것을 새해 목표로 삼았다고 해봅시다. 그녀는 다음과 같이 야심 찬 계획들을 세웠습니다.

- **목표** : 민첩하고 날렵한 몸을 만들겠다!
- **세부 계획** : ① 헬스클럽에 주 3회 간다.
                  ② 6시 이후로는 먹지 않는다.

어떻게 생각하시나요? 얼핏 보기에는 괜찮은 듯하지만 성과 관리 측면에서는 아쉽습니다. 왜냐하면, 헬스클럽에 주 3회 가더라도 트레드밀에서 산책하듯 15분 걷다가 샤워하고 오면 운동 효과가 거의 없으니까요. 6시 이후 아무것도 먹지 않아도 그 이전에 폭식한다면 오히려 살이 찝니다. 결국, 세부 계획들을 완벽하게 지켜서 달성률이 100%라고 해도 민첩하고 날렵한 몸이 되는 목표는 이루지 못합니다.

OKR은 '무엇을 하겠다'라는 행동을 지표로 삼는 대신 '목표가 무사히 성공한다면 이런 모습이겠지'라는 핵심결과에 집중하라고 조언합니다. 만약 그녀의 목표대로 민첩하고 건강한 몸이 성공적으로 된다면 어떤 모습이, 즉 어떤 핵심결과가 나올까요?

- **목표(O) : 민첩하고 날렵한 몸을 만들겠다!**
  - 핵심결과(KR) ① 체지방이 N% 이하가 된다.
  - 핵심결과(KR) ② 줄넘기를 한 번에 N회 할 수 있다.
  - 핵심결과(KR) ③ 20층인 사무실까지 계단을 쉬지 않고 올라가도 숨이 차지 않는다.

기존 방식과 차이가 보이시나요? 무엇을 하기 또는 안 하기에 초점을 맞출 때보다 원하는 목표에 다다를 가능성이 훨씬 커졌습니다. 팀원의 업무를 보며 '왜 열심히 하는데 성과가 신통치 않을까?' 같은 의문을 가진 적이 있다면, 출장 또는 거래처 미팅 횟수, 홍보 게시물 개수, 야근 시간 등의 행동에 초점을 맞추고 있진 않았는지 점검해보시기 바랍니다.

핵심결과는 구체적인 숫자나 데이터 지표로 표기

A 상품 월 매출 1억 원 달성, 신규 가입자 1,000명 달성처럼 성과 목표를 정한 팀장들이 보통 세부 계획을 어떻게 짜는지 아시나요? 매우 구체적으로 짤 것 같지만 의외로 아닙니다. 모호한 언어를 사용하는 경우가 더 많습니다.

- **목표 : A 상품 매출 1억 원, 신규 가입자 1,000명 달성**

• **세부 계획** : ① 신규 거래처 발굴 ② 기존 고객의 애로사항 조사 및 지원사항 점검 ③ 고객 맞춤형 판매 전략 수립

구체적인 계획을 쓴 것처럼 보이지만 하나씩 들여다보면 의문 투성이입니다. 신규 거래처를 얼마나 발굴해야 잘한 걸까요? 기존 고객의 애로사항을 잘 조사하면 매출이 오르나요? 고객 맞춤형 판매 전략은 어떻게 수립할 건가요? 세부 계획을 보면 뭔가 정리 되는 느낌이어야 하는데 오히려 혼란스럽네요.

목표를 동기 부여가 되는 도전적인 문장으로 작성했다면, 세부 계획(핵심지표, 핵심결과 등 용어는 다양합니다)은 구체적인 숫자와 데이터로 지표를 만들어야 합니다. 그래야 우리가 어디까지 왔 는지, 앞으로 어디까지 가야 하는지를 명확히 알 수 있으니까요. 다음 예시는 OKR을 이용하여 목표와 세부 계획(핵심결과)을 좀 더 올바른 방향으로 바꾼 것입니다.

○○○팀의 성과 목표

목표(O) 1 : A 상품이 ○○ 분야에서 다섯 손가락 안에 사랑받는 제품 이 되게 하자.

- 핵심결과(KR) ① 월 매출 1억 원
- 핵심결과(KR) ② 월평균 구매자 N명

- 핵심결과(KR) ③ 경쟁사 10개 제품과 비교했을 때 호감도 및 추천

  지수 상위 5등 이내

목표(O) 2 : 새로운 고객이 몰려오는 핫한 브랜드 이미지를 만들자.

- 핵심결과(KR) ① 신규 가입자 월 1,000명

- 핵심결과(KR) ② SNS 게시글 공유 횟수 월 N회(화제성)

- 핵심결과(KR) ③ 타깃 키워드(#요즘추천 등) 200%↑

  목표를 더 높게 세웠지만, 팀원들 입장에서는 숫자로만 독촉당할 때 느꼈던 무기력한 감정이 훨씬 줄어들 겁니다. 달성만 된다면 본인의 뿌듯한 성과이자 어디든 내세울 수 있는 경력이 될 테니까요. 모호한 언어로 적혀 있던 세부 계획 역시 구체적인 핵심결과로 바뀌었습니다. 팀장과 팀원들 모두 단순히 열심히만 하는 바쁜 행동 뒤에 숨을 수 없게 되었어요.

  이것을 '건강한 긴장감'이라고 부릅니다. 조직문화에서 추구하는 지향점이자 성과 관리에서 꼭 기억해야 할 단어입니다.

요약 ─────────────────────────────

- '목표'는 생각만 해도 설레는 목적지가 되는 게 좋다. 달성되면 팀원의 빛나는 경력이 될 수 있도록 작성하여 팀원 스스로 동기부여가 되도록 하자.
- '세부 계획'은 목표 달성에 성공했다는 걸 확인할 수 있는 구체적인 지표로 선정한다. 모호한 언어로 표현하거나 행위에만 초점을 맞추면 오히려 목표에서 멀어질 수 있다.
- 성과 관리에서 기억할 키워드는 '건강한 긴장감'이다.

──────────── **Q.** ────────────

"우리 팀의 사업 목표는
조금 겁나지만 **가고 싶은 목적지**인가,
아니면 부담스러운 커트라인인가?"

업무와 담당자가 한눈에 보이면
두려움이 사라진다

─────────────────────────────────── (**'팀 상황판' 만드는 법**)──

지금 무슨 일이
벌어지고 있는 건가

팀원 시절 제 책상에는 포스트잇, 업무 메모, 그리고 온갖 서류가
어지러이 쌓여 있었습니다. 제 나름의 규칙이 있어서 일이 무사
히 돌아가긴 했지만, 할 일을 깜빡 잊거나 기한을 놓친 적도 종
종 있었죠. 실무자일 때는 그다지 문제가 없었어요. 설사 놓치는
일이 있어도 문제가 커지기 전에 대부분 리더가 상기해주었으니
까요. 문제가 벌어진 다음에라도 며칠 초과 근무를 하면 수월하
게 해결할 수 있었어요.

하지만 팀장이 되고 나선 상황이 달라졌습니다. 팀원 숫자에

비례해서 업무 가짓수가 늘어나고, 회의 같은 팀장 고유의 업무들이 추가됐거든요. 신임 팀장이던 저는 어떻게든 침착하게 상황을 통제하면서 일하려고 애썼지만 여기저기서 업무가 복병처럼 튀어나와 당황스러웠습니다.

"○○ 팀장, 다음 달에 대표님 인도 출장 건 어디까지 됐나요? 왜 지금까지 보고가 없죠?"

"팀장님, 지난주에 보고 드린 건 어떻게 결정 났나요? 본부장님이 아직도 검토 중이라고요? 제가 몇 번이나 말씀 드렸잖아요. 오늘까지 확정 안 해주시면 계약 취소라고요."

사방이 빚 독촉하는 느낌에 숨이 막힐 지경입니다. 팀장들, 특히 신임 팀장은 다음에 무슨 일이 벌어질지, 내일은 또 어떤 일이 치고 들어올지 예측할 수 없어 스트레스를 받습니다. 불확실성이야말로 인간에게 극도의 스트레스를 준다는 점은 많은 연구가 뒷받침해주는 사실입니다.

저는 마음을 어떻게 평온하게 다스리는지는 잘 알지 못하지만 이런 종류의 두려움에 도움이 될 만한 유용한 방법은 알고 있습니다. 무슨 일이 벌어질지 알 수 없다면, 지금 팀이 어디쯤 와 있는지 알 수 없어 혼란스럽다면, 해결책은 의외로 간단합니다.

팀 상황판을 만들어
일이 한눈에 보이도록 한다

머릿속으로 생각만 할 때는 무시무시했어도 현실로 끄집어내어 손전등을 비춰보면 의외로 싸워볼 만한 법입니다. 팀장이 카리스마를 발휘하는 순간은 어려운 과제를 척척 해결할 때만이 아니에요. 팀원보다 큰 그림을 보는 시야가 있을 때, 한 수 앞의 문제를 능숙하게 다루는 걸 볼 때 팀원들의 존경심은 솟아납니다.

팀의 업무 상황판을 만들어봅시다. 형식은 상관없어요. 중요한 건 '한눈에 보이도록 단순하게 한다'는 점이니까요. 워드, 엑셀 같은 문서 파일에 써도 되고 트렐로, 노션, 구글독스, 네이버웍스 등 소프트웨어 도구를 사용하셔도 됩니다. 업종과 팀 업무에 따라 상황판에 들어갈 내용은 달라지겠지만, 일반적으로 추천하는 핵심 요소는 세 가지입니다.

① 연간 팀 목표 (+α)
② 주간 업무 계획 (팀원별 주간 업무 포함)
③ 팀 성과 현황 (a.k.a 우리가 성취한 것들)

팀 목표 :
올해 우리 팀은 무엇을 할 계획인가?

연간 팀 목표를 맨 위에 적습니다. 우리의 기억력은 그다지 믿을 만하지 못해서 연초에 야심 차게 발표했던 내용이라도 한 달이면 희미해집니다. 팀 목표는 팀장이 팀의 이름을 걸고 한 약속입니다. 무엇을 약속했는지는 당연히 기억하고 있어야겠죠.

```
┌─────────────────────────────────────────┐
│            ○○년도 ○○팀 상황판              │
└─────────────────────────────────────────┘

  ┌──────────────┐         ┌──────────────┐
  │  팀 사업 목표  │         │  조직 사업 목표 │
  └──────────────┘         └──────────────┘

    목표 ①                   본부 목표
    목표 ②
    목표 ③                   조직 목표
```

 팀 목표 옆에는 상위 본부 목표와 조직 전체 목표도 같이 적어
줍시다. 위에서 갑자기 내려오는 업무의 맥락을 파악할 때 큰 도
움이 됩니다. 게다가 저는 상위 리더를 설득할 일이 있을 때 당
신들의 목표에도 도움이 된다는 걸 강조하는 것보다 효과가 좋
은 치트키를 본 적이 없습니다.

주간 업무 :
무슨 일이 진행되고 있나?

다음은 지금 진행 중인 업무들의 현황을 적을 차례입니다. 이번
주와 그 다음에 이어지는 업무들을 주간별로 한눈에 볼 수 있도
록 표로 만듭니다. 저의 경우는 3주간의 업무를 동시에 봐야 유
연하게 대응할 수 있더라고요. 팀 전체 업무를 맨 위에 적고, 이
어서 팀장을 포함한 팀원들의 업무를 순서대로 적으면 됩니다.

구글 문서 등 클라우드에서 기록, 공유할 수 있는 도구를 활용하여 팀원 각자가 자신들의 업무를 작성하도록 하면 시간을 아낄 수 있어요. 말머리에 [미팅], [보고서], [테스트]처럼 업무의 성격을 알 수 있는 내용을 넣거나 우선순위 과제에 깃발이나 별 같은 기호를 붙여주면 더 효과적입니다.

주요 업무	이번 주(날짜)	다음 주(날짜)	다다음 주(날짜)
○○팀			
재민님			

[미팅] K사 담당자에게 제품 시연(7/2 14:00, 역삼동)
[보고서] 경기도 지역 매출 현황 작성(7/9까지)
[기타] 선물 패키지 제작 후보 기업 물색

이렇게 팀장이 진행 중인 업무를 한눈에 볼 수 있으면 갑자기 치고 들어오는 업무에 허둥지둥하는 상황을 방지할 수 있습니다. 단순히 업무 진행 상황을 확인하기 위한 불필요한 회의도 줄일 수 있지요. 왠지 한가해보이는 것 같은 팀원의 뒷모습을 빤히 바라보며 '저 친구가 지금 무슨 일을 하고 있더라?' 하는 마음속 의문도 깔끔하게 지울 수 있습니다.

팀 성과 현황 :
우리가 성취한 것들을 적어보자

세 번째 항목은 '마지막으로, 하지만 여전히 중요한Last but not Least'
내용에 관한 것입니다. 앞서 살펴본 팀의 연간 목표와 주간 업무
가 미래와 현재를 가늠해보기 위한 것이라면, '팀 성과 현황' 판
은 지금까지 팀이 쌓아온 노력을 확인하기 위한 것입니다. 팀 성
과라고만 하면 왠지 성적표처럼 부담스러운 느낌이라 'a.k.a. 우
리가 성취한 것들'이라는 부제를 붙였습니다.

팀 성과 현황(a.k.a 우리가 성취한 것들)

A. 팀 전체 (○월 ○일 현재)

| 목표 ① - 달성률 % | 목표 ② - 달성률 % | 목표 ③ - 달성률 % |

팀 목표 ② 신규 스프레드 상품을 입소문 낼 1,000명의 팬을 만들자.
[서윤] 스프레드&브레드 매장 운영(5월)
- 방문 고객 2,132명, SNS 공유 13,242회
- 연관 해시태그: #고급스러운 #스프레드맛집 #취향저격
- 매장 방문객의 추가 구매 3,187건(재구매 N회)

제가 전작에서 반복해서 강조한 내용이 있습니다. 실적은 연말에 선물 꾸러미처럼 짠 하고 열어보는 게 아니라고요. 평소에 꾸준히 작성하고 업데이트해야 팀 목표가 계획대로 잘 진행되고 있는지, 뒤처지는 일은 무엇인지 그때그때 바로 알 수 있습니다. 참고로 저는 팀 성과 현황판을 2주에 한 번 업데이트했습니다. 연말에 경영진에게 보고하는 것처럼 제대로 말입니다.

팀 전체의 성과 아래에는 팀원별 항목을 추가합니다. 팀원 코칭과 피드백 등에 참고가 될 중요한 내용이니 약간 성가시더라도 그때그때 작성해두는 게 오히려 시간을 아껴줄 겁니다. 물론 작성 자체가 일이 되지 않도록 너무 길게 쓰지는 마시고요.

B. 팀원별

	업무 목표	성장 목표	현재까지 성취
민규님			

먼저 올해 맡은 '업무 목표' 항목은 업무 분장을 그대로 적으면 됩니다. 그리고 팀원별로 품은 올해의 '성장 목표'는 일대일 면담을 통해 파악한 후 넣어주세요. 예를 들어, 맡은 업무는 '개발'이더라도 올해의 성장 목표는 테크니컬 글쓰기 실력을 키우고 싶다, 마케팅팀과 협업하는 경험을 하고 싶다, 대학원을 가고 싶다 등으로 다양할 수 있습니다. 이는 동기 부여가 되는 부스터

버튼 같은 항목이니 코칭을 할 때도 유용합니다. 물론 근무 시간 조절 등 팀원 배려를 위해서도 필요하고요.

마지막으로, '현재까지 성취'를 적습니다. 최소한 매월 주기로 업데이트하면 좋아요. 팀장은 팀원이 목표 대비 뒤처지거나 넘치는 등의 상황을 한눈에 파악할 수 있습니다. 팀원 역시 본인의 성과가 제대로 이뤄지고 있는지를 확인할 수 있고요. 팀원에게 피드백을 할 때도 그냥 말로만 하는 것보다 상황판을 함께 살펴보면서 점검하면 더욱 효과적입니다.

"○○님, 목표 A는 지금 속도대로 가면 되겠어요. 목표 B는 충분히 달성했으니, 하반기는 목표 C에 집중합시다. 보다시피 10% 정도만 진행된 상태니까요. 제가 무엇을 지원해 드릴까요?"

또한, 특정 팀원에게 힘든 일이 반복해서 몰린다던가, 업무가 불공정하게 배치되는 식의 문제점도 파악할 수 있습니다. 단순히 머릿속으로 짐작할 때는 눈치채기가 쉽지 않아서 팀원들의 불만이 폭발할 때가 돼서야 알게 되는 경우가 많거든요.

우리 팀의 상황판을 만들자, 지금 바로!

팀장에게 팀의 현재와 미래, 그리고 과거를 한눈에 조망할 수 있는 상황판이 있다면 든든하지 않을까요? 심장을 조여오던 불확실성 역시 줄어들 겁니다. 우리가 간절히 원하는 건 주도적인 삶이잖아요. 팀장이 업무를 주도적으로 콘트롤할 수 있게 되면 업무가 원활해지는 것은 물론 멘탈 건강 역시 지킬 수 있습니다.

오늘, 지금 바로 아래의 현황판부터 작성해보세요. 짧은 시간을 투자해서 1년을 여유롭게 보낼 수 있습니다.

○○년도 ○○팀 상황판

팀 사업 목표

목표 ①
목표 ②
목표 ③

조직 사업 목표

본부 목표

조직 목표

주간별 주요 업무

주요 업무	이번 주(날짜)	다음 주(날짜)	다다음 주(날짜)
○○팀			
팀장			
서윤님			
민규님			
유진님			
재민님			

팀 성과 현황(a.k.a 우리가 성취한 것들)

A. 팀 전체

목표 ①	목표 ②	목표 ③

B. 팀원별

	업무 목표	성장 목표	현재까지 성취
서윤님			
민규님			
유진님			
재민님			

요약 _____

- 팀장이 되면 좋은 기억력, 포스트잇, 컴퓨터 바탕화면의 알록달록 메모장 덩어리로는 감당할 수 없는 업무들을 맡게 된다.
- 팀 상황판을 만들어 팀 업무와 팀원들 상황을 한눈에 볼 수 있게 하면 불확실성이 줄어들고 주도적으로 업무를 관리할 수 있다.
- '① 팀 목표 ② 3주간 주요 업무(팀원별 포함) ③ 팀 성과(a.k.a 우리가 성취한 것들)'를 한눈에 보이게 만들어보자. 바로 오늘.

Q.

"**투 두 리스트**To Do List, **기억력**,

그리고 **임기응변** 같은 순발력으로

지금의 팀장 업무를 커버하느라 애쓰고 있지 않은가?

Chapter 4

성과를 키워주는
영리한 회의 방법

회의는 정말
시간 낭비일까?

(만약 회의가 사라진다면?)

회의는
시간 낭비라는 오해

회의, 회의, 회의.

　팀장은 도대체 회의를 일주일에 얼마나 할까요? 팀원이 다섯 명이라고 가정하고 계산해보겠습니다. 상위 리더와의 회의 2시간(월요일 팀장 회의 1시간, 수시 보고 1시간), 월요일 팀 전체 회의 1시간, 그리고 팀원 개개인과 하는 회의 10시간(2시간×5명). 대략만 계산해도 총 13시간가량이군요. 주 40시간 근무 기준으로 자그마치 3분의 1에 달하는 시간을 회의에 쓰는 셈입니다.

　그나마 이건 최소한으로 잡은 겁니다. 팀원별로 일주일에 2시간이라고 계산했는데 '○○님, 그때 말한 건 어떻게 되고 있어요? 잠깐 얘기 좀 합시다', '팀장님, A, B 안 중에서 어떤 게 좋을까요?' 같은 대화만 해도 일주일에 2시간은 훌쩍 넘어갑니다. 깊이 있는 일대일 미팅까지 하면 더 늘어나겠죠. 여기에 거래처 미팅, 회사 내 협업 부서와의 미팅까지 포함하면…. 더 이상의 설명은 생략하는 게 모두의 정신 건강을 위해 좋겠습니다.

이런 상황이다 보니 팀장은 회의 때문에 극도의 스트레스를 받습니다. 팀장이 되고 나서 가장 힘든 게 뭐냐고 물어보면 '회의'라는 답변이 늘 상위권에 있으니까요. 온종일 회의만 하다가 퇴근하는 날도 있어요. 남들 이야기만 듣다가, 남들 해 달라는 것만 이것저것 알아보고 종종거리다가 하루가 끝나면 '오늘 도대체 내가 뭘 한 거지?' 싶은 현타가 옵니다.

회의 대상과 주제가 빠르게 바뀌다 보니 매번 새롭게 집중력을 발휘해야 해서 정신적으로도 지칩니다. 온종일 회의에 시달리다가 이메일을 열어보면 안 읽은 메일이 수두룩하고, 내일 오전까지 보내주기로 한 업무는 그대로 남아 있곤 하죠. 퇴근 시간이 다 되어서야 비로소 자기 몫의 업무를 시작하는 팀장들도 많습니다. 그러면서 속으로 한탄하죠. '아… 회의만 없어도 훨씬 일하기 좋을 텐데.'

팀장들의 고충을 충분히 이해하지만, 관리자의 길로 들어선 이상 앞으로도 회의는 피할 수 없습니다. 일시적인 현상이 아니거든요. 임원이나 경영진의 회의 비중은 팀장보다 더 높습니다. 생각해보세요. 팀 쿡의 하루가 무슨 업무로 채워져 있겠어요? 마크 저커버그가, 리드 헤이스팅스가 직접 디자인이나 설계, 판매나 개발을 하진 않잖아요. (해서도 안 됩니다. 그 고액 연봉을 받고 말이죠.) 그들이 가장 많이 하는 업무는 회의입니다.

회의는 낭비가 아닙니다. 회의가 행정상, 직책상 어쩔 수 없는 일이고, **진짜 일은 따로 있다고 생각하시면 안 됩니다. 이제는 회의가 팀장의 진짜 일이거든요.**

회의에 제대로 투자하면
모두의 업무량이 줄어든다

여기 신선 제품을 배송하는 기업 P가 있습니다. 최 팀장은 회의는 시간 낭비이고, 짧게 할수록 좋다는 신념을 가진 사람입니다. 그래서 팀원에게 지시할 때도 용건만 전달하는 걸 선호합니다.

최 팀장 : 물류 프로세스 속도가 좀 더 빨라질 필요가 있어요. 무슨 말인지 알죠? 속도를 10% 개선할 방법을 찾아보세요.
팀원 : 네? 아, 네네.
(일주일 후)
팀원 : 팀장님, 여기 가져왔습니다.
최 팀장 : 소프트웨어 업그레이드 4천만 원? 이게 뭐죠?

팀원 : 팀장님께서 속도를 높일 방법을 찾으라고 하셔서요. 원래 5천만 원인데 제가 업체를 설득해서 20% 깎았습니다.

최 팀장 : 회사 사정도 안 좋은데 무슨 생각입니까? 추가 비용이 들지 않는 선에서 속도를 개선하라는 뜻이었죠.

팀원 : ….

최 팀장 본인은 회의에 1분도 쓰지 않았지만, 안타깝게도 팀원의 일주일치 업무를 고스란히 공중에 날렸습니다. 손해도 이런 손해가 없습니다. 이에 반해 정 팀장은 회의에 대한 생각이 다릅니다. 회의를 통해 서로의 생각과 방향을 확인하고 정리하는 기회로 삼으려고 하는 유형입니다.

정 팀장 : 우리의 물류 프로세스 속도가 좀 더 빨라질 필요가 있어요. 경영진에서는 10% 개선할 방법을 찾아보라는데 어떤 방법이 있을지 고민이에요. ○○님 생각은 어때요?

팀원 : 소프트웨어를 업그레이드하면 되겠지만 꽤 비쌀 걸요.

정 팀장 : 비용을 들이는 방식이 아니라 불필요한 단계를 줄이는 쪽으로 초점을 맞췄으면 하시더라고요. 물류 과정의 전체 프로세스가 어떻게 됩니까? 단계별로 하나씩 분석해보죠.

(1시간 후)

정 팀장 : 일단 방향은 정해진 것 같네요. 실제로 현장에도 맞는지 한번 확인해보시고 내일 이 시간에 다시 이야기합시다.

정 팀장은 업무를 지시할 때 1시간, 중간 점검 30분, 최종 정리 1시간, 총 2시간 반을 써서 팀원의 일주일치 업무를 효율적이고 밀도 있게 이끌었습니다. 앞에서 최 팀장은 회의에 1분만 사용했지만, 팀원의 일주일을 모두 허비한 경우와 대조적입니다.

과연 무엇이 시간 낭비이고, 무엇이 더 효율적인 걸까요? 회의는 사실 투자 수익률이 높은, 소위 관리 레버리지가 높은 일입니다. 회의에 1시간을 제대로만 투자하면 일주일치, 한 달치 업무 효과를 볼 수 있으니까요.

회의는 밀도 높은 업무 지식을 공부할 수 있는 기회

제가 경영진과 이야기를 나눌 때 종종 놀란 점은 그들이 다양한 분야에 박식할 뿐 아니라 웬만한 실무자 못지않은 지식을 갖췄다는 사실이었습니다. 그분들이 다 어디서 배웠을까요? 대부분 보고나 회의를 통해 듣고 배운 지식입니다.

마찬가지로, 팀장에게 회의 시간은 정보를 수집하고 새로운 지식을 배울 수 있는 귀중한 시간입니다. 심지어 팀원은 팀장이 잘 이해할 수 있도록 친절하고 자세하게 설명해주니 금상첨화입니다. 화장품과 음료를 판매하는 헬스앤뷰티 기업의 김 팀장과 팀원의 회의 장면을 한번 살펴보시죠.

팀장 : 매장에 W 음료를 전면에 배치한다고요? 이렇게 한 적은 한 번도 없잖아요.

팀원 : 지금 SNS에서 저희 W 음료 분위기가 심상치 않아요. ○○ 인플루언서가 올린 밈이 엄청나게 유행을 타고 있어요!

팀장 : 전혀 몰랐어요. 그러면 음료 전면 배치는 어떤 모양인 거죠? 감이 잘 오지 않는데….

팀원 : 얼마 전에 경쟁사 매장에서 올라온 사진을 하나 봤는데요. (게시물을 보여주며) 이거예요. 근사하죠?

팀장 : 와. 제대로 반응만 온다면 대박이겠어요.

김 팀장은 팀원 덕분에 W 음료에 대한 밈과 유행을 알게 되었고, 매장 배치를 기존과 완전히 다르게 하는 새로운 방법도 있다는 점을 배우게 되었습니다. 실제로 팀원 의견대로 진행하게 된다면 김 팀장은 다른 경쟁사 매장도 가보고 해외 사례도 공부하면서 해당 분야에 대한 지식과 경험치를 키우게 될 겁니다.

이제부터 '회의는 싫어!'라고 생각하는 대신, 시간을 아껴주고 지식과 경험의 폭을 넓혀주는 유용한 도구라고 생각해보세요. '어떻게 하면 회의 시간을 좀 줄일 수 있을까?'라며 고민하던 질문이 다음처럼 바뀌게 될 겁니다.

어떻게 하면 귀중한 회의 시간을
더 잘 활용할 수 있을까?

요약

- 직급이 올라갈수록 회의의 중요성은 커진다. 팀장에게 회의는 낭비가 아니라 중요한 핵심 업무이다. 회의 시간을 단순히 줄일 게 아니라 잘 쓰는 데 초점을 맞춰야 한다.
- 회의를 잘 활용하면 시간의 레버리지 효과가 있다. 팀원의 시간을 밀도 있고 효율적으로 쓰도록 도와주기 때문이다.
- 회의를 통해 공부하는 리더들이 많다. 담당자의 발언이나 보고를 통해 현장의 생생한 정보를 얻고 경험을 쌓는 기회로 삼자.

Q.

"팀장의 시간 중
회의가 3분의 1을 차지한다면
과연 덜 중요한 기타 업무라고 할 수 있을까?"

회의 밀도를 확실하게
높여주는 솔루션

No Surprise, Step Forward

노 서프라이즈 : 불확실성 줄이기
스텝 포워드 : 무조건 한발 전진하기

팀장의 핵심 업무인 회의를 영리하게 잘 운용하려면 어떻게 해야 할까요? 시중에 많은 조언과 기술이 있습니다만, 저는 이 중에서 '불확실성 줄이기', '무조건 한발 전진하기'를 지키는 것부터 시작하라고 권합니다.

지금까지 경험했던 회의들을 머릿속에 떠올려보세요. 회의가 비효율적으로 굴러가는 이유는 크게 두 가지입니다. 첫째, 너나나나 준비 없이, 예상치 못한 시간에 맞닥뜨리기 때문입니다. 매번 그라운드 제로에서 시작하는 느낌이랄까요. 서프라이즈처럼 갑자기 시작한 회의가 밀도 있기를 기대하는 건 무리입니다. 시간과 주제에 관한 불활실성만 줄여도 훨씬 나아집니다.

회의를 비효율적으로 만드는 두 번째 이유는 여러 명이 머리를 맞대고 회의를 하지만, 문제가 존재한다는 점만 확인할 뿐 아무런 변화도 전략도 없는 상태로 끝내기 때문입니다. 회의 이후에는 반드시 진전Progress이 있어야 합니다. 아니라면 가십성 수다와 다를 바 없겠지요. 분위기가 아무리 진지했어도 말입니다.

팀장이 되기 전에는 회의 주도권이 상사에게 있었기 때문에 우리가 할 수 있는 게 많지 않았습니다. 하지만 팀장이 된 지금, 기존의 회의 문화를 바꿀 수 있는 기회입니다.

첫 번째 원칙 'No Surprise' : ① 시간의 불확실성 줄이기

노 서프라이즈No Surprise. 회의 밀도를 높이는 첫 번째 원칙입니다. 갑자기 소집하는 회의, 예상 못 했던 질문에 술술 대답할 수 있는 사람은 많지 않습니다. '잠깐 나 좀 볼까요?'로 시작해서 '다음 달 프로젝트는 어떻게 되고 있어요?'로 회의가 이어지면 팀원은 당황합니다. 방금까지 다른 업무를 하고 있었으니까요. 더듬더듬 기억을 떠올려 대답해보지만, 팀장이 몇 가지 질문을 추가하면 이내 말문이 막힙니다. 담당자가 그것도 모르냐며 답답해하는 팀장의 표정을 보면 머릿속이 더 하얘져서 더 버벅댑니다.

반대 상황도 마찬가지예요. 팀장이 집중해야 하는 업무를 처리하고 있는데, 팀원이 자꾸만 찾아와서 흐름을 끊는다면 제대로 집중할 수 없습니다. 지금 바쁘니까 다음에 이야기하라면서 팀원을 돌려보내기도 하죠. 그러면 팀원은 팀장이 덜 바빠 보이는 시간에 눈치껏 다시 와야 하는데, 그 머뭇거리는 과정에서 보고 시기를 놓치는 경우가 많습니다.

회의 불확실성을 가능한 한 줄여봅시다. 먼저, 갑작스러운 회의가 되지 않도록 시간을 예측 가능하게 만드는 것부터 시작해보세요. 모든 회의 시간을 사전에 정할 수는 없겠지만, 예측 가능성이 커지도록 노력할 수는 있습니다. 예를 들어, 월요일 또는 금요일에 하는 팀 회의는 시간을 고정해서 정해놓는 게 좋습니다. 대부분의 팀들이 이미 그렇게 하고 계실 거예요.

팀원 개개인과 하는 중간 회의도 사전에 정해두면 좋습니다. 팀원과의 업무가 회의 한 번으로 끝나는 경우는 드뭅니다. 중간에 최소한 두세 번은 점검 회의를 하는데, 대부분은 그 시간을 미리 정하지 않습니다. 그러다 보니 팀장 입장에서 가능한 시간에 일방적으로 팀원을 호출하게 되거나, 아니면 시간이 지연되고 난 후에야 '왜 보고 안 했어요?', '팀장님이 계속 외부에 계셨잖아요' 같은 껄끄러운 대화가 오가게 됩니다. 물론 사소하고 간단한 현황 보고 시간까지 다 정해둘 필요는 없지만 중요한 중간 보고는 미리 시간을 정해둡시다.

팀장 : (10분 정도 업무 지시 후) 방향은 아시겠죠? 그러면 ○○님이 오늘 나온 내용을 한번 확인해보고 추천 솔루션 두세 개와 대략적 비용을 보고해주세요. 언제 회의가 가능할까요?

팀원 : 음, 목요일 오전까지는 될 것 같습니다.

팀장 : 좋습니다. 잠깐만요. (스케줄 확인 후) 목요일 2시에 회의할까요? 그날 솔루션을 확정하죠.

팀원 : 네. 그렇게 할게요.

중간보고 일정을 매번 정하는 게 번거롭다면 팀장의 일정에 '팀원 보고 및 회의' 항목을 아예 덩어리 시간으로 지정해두는 것도 방법입니다. 구글이나 네이버 등 공유 기능이 있는 캘린더 앱에 화요일 10~12시, 목요일 2~5시, 이런 식으로 잡아 놓고 팀 전체에 공유하면 됩니다. 1~2주 전에 다음 주 가능 일정을 공지해주면 팀원들은 캘린더에 15분 또는 30분 단위로 보고 일정을 직접 예약할 수 있습니다.

이런 시스템이라면 팀원은 바빠 보이는 팀장의 눈치를 보지 않고 편하게 보고 일정을 잡을 수 있겠지요. 팀장 역시 이 시간을 팀원 집중 지원 시간으로 정해서 밀도 있게, 그리고 예측 가능하게 쓸 수 있으니 편리합니다.

	월	화	수	목	금
9:00					Team Meeting
10:00					Team Meeting
11:00					Team Meeting
12:00					
13:00					
14:00	Team Meeting		Team Meeting		
15:00	Team Meeting		Team Meeting		
16:00		Team Meeting	Team Meeting		
17:00		Team Meeting			
18:00					

○○○ 팀장 일정표 (7월 첫째 주)

14:00~14:30 예약 – 서민지 대리

14:30~15:30 예약 – 강진규 과장

15:30~16:00 예약 – 이석민 사원

첫 번째 원칙 'No Surprise' :
② 회의 주제의 불확실성 줄이기

"팀장님, 부르셨어요?", "○○님, 무슨 일로 오셨나요?"

미팅이나 회의를 이렇게 시작하는 경우가 많습니다. 팀 내에서는 비교적 정보가 신속하게 흘러가는 편이니 자연스러운 현상이지만, 모든 회의가 돌발사건처럼 이뤄진다면 팀장과 팀원 모두 피곤할 수밖에 없습니다. 중요한 내용을 종종 빼먹기도 하고요. 긴 마라톤 회의를 마치고 나서 "아! 중요한 걸 깜빡했네!"라며 다시 회의했던 경험이 있지 않으신가요.

불확실성을 줄이는 두 번째 비결은 회의 주제를 서로 미리 알고 임하는 겁니다. 회의 전에 안건이 공유되어야 한다는 조언은 다들 잘 알고 있지만, 일주일에 열 번도 넘게 있는 회의에 적용하기는 쉽지 않습니다. 업무를 줄이려다 일이 더 늘어나는 모양새라서 결국 원래대로 돌아가는 경우가 많아요.

업무 부담을 최소한으로 하면서도 효과적으로 회의 안건을 사전에 공유하는 방법은 없을까요? 저는 일정표의 메모 기능을 활용하는 방식을 추천합니다. 앞에서 구글 등의 일정 캘린더 앱에 팀원들이 보고 일정을 넣는 방법을 말씀 드렸지요.

이때 시간과 사람 이름만 적을 게 아니라, 회의 주제와 간단한 안건 내용도 함께 메모해보세요. '14:00~14:30 서민지 – 8월 교육 워크숍 관련'이라고 일정을 적고, 메모 항목에 간단한 안건 내용을 적는 겁니다. 필요한 내용은 팀마다 다르겠지만 저라면 '전달할 내용'과 '함께 의논하고 싶은 사항' 이 두 가지를 쓰도록 하겠습니다. 키워드 중심으로 간단하게요. 다음은 팀원이 팀장의 일정에 메모해둔 내용의 예시입니다.

> **14:00~14:30 [팀원 요청] 서민지 - 8월 교육 워크숍**
>
> ① 주로 전달할 내용은?
>
>   #숙소 및 식사 장소 답사 내용
>
>   #예산 보고
>
> ② 함께 의논하고 싶은 사항은?
>
>   #체험 프로그램 추가 여부
>
>   #불참자 후속 교육 필요한가?

팀원은 회의를 앞두고 주요 용건을 정리하는 효과가 있을 뿐 아니라 팀장 역시 회의 안건에 대해 사전에 생각해볼 수 있는 장점이 있습니다. 그만큼 알찬 회의가 되겠죠.

팀장은 단순한 현황 보고만 있는 줄 알고 천천히 피드백하면서 전체 회의 시간 30분 중 25분을 보냈는데, 갑자기 팀원이 "팀장님, 그런데 상의 드리고 싶은 중요한 문제가 있어요."라고 이야기를 꺼내서 당황하는 일이 종종 있습니다. 예상치 못한 건으로 회의는 늘어지고 다음 차례의 팀원들은 줄줄이 대기하게 됩니다.

팀장이 팀원에게 회의를 요청할 때도 똑같은 방식으로 미리 내용을 공유하면 좋습니다. 질문은 조금 변경해야겠죠. 팀원 입장에서도 갑자기 시험 문제처럼 질문들이 날아오는 경우보다 사전에 알고 있으면 더 좋은 답을 준비할 수 있습니다. "어…. 확실하지 않은데 알아보고 다시 보고 드릴게요." 같은 대화로 비슷한 회의를 여러 번 반복하는 불상사도 막을 수 있습니다.

14:00~14:30 [팀장 요청] 서민지 - 8월 교육 워크숍

① **주로 궁금한 내용은?**

#전반적인 진행사항 보고 (참석자, 일정 등)

#세부 예산 내역

#지난달에 진행한 타 본부의 프로그램 내용 및 반응

② **함께 의논하고 싶은 사항은?**

#우천 시 대책

#올해의 회사 어젠다와 연결성이 희미한 문제

두 번째 원칙 'Step Forward' : 무조건 한발 전진하기

스텝 포워드Step Forward. 회의 밀도를 높이는 두 번째 원칙입니다. 회의는 달콤하고 중독적인 매력이 있습니다. 어떤 문제에 관해서 회의를 하고 나면 왠지 문제를 푸는 일에 성큼 다가간 듯한 느낌이 들기 때문입니다. 무언가 노력했다는 생각도 들고요. 실제로 문제는 조금도 달라지지 않았어도 말입니다.

예를 들어, 고객 경험을 향상시키고 싶어 하는 팀을 떠올려봅시다. 팀장과 팀원들은 '고객이 이래서 불편해한다, 이걸 원하더라' 같은 토론을 심도 있게 두 시간 정도 나눴어요. 모두가 고객 경험에 관한 이해가 깊어진 느낌이 들고, 이 문제를 진지하게 다룬 기분도 듭니다. 팀장은 뿌듯한 표정으로 마무리합니다.

"고객 경험이 얼마나 중요한지, 우리 고객들이 무엇을 원하고 불편해하는지 살펴본 귀중한 시간이었어요. 오늘 회의 내용은 최 과장이 잘 정리해서 팀에 공유해주시겠어요? 앞으로의 업무에 잘 참고하도록 합시다."

모두 기분이 좋아졌다면 다행입니다만, 엄밀히 말해서 현재 고객 경험은 조금도 나아지지 않았습니다. 책상 앞에서 말만 주고받았을 뿐 실제로 한 행동은 하나도 없으니까요. 우리가 식당에 갔는데 음식이 너무 짜서 종업원에게 이야기했더니, 직원들끼리 '간이 안 맞은 이유는 무엇일까. 고객의 음식 만족도를 높이려면 어떤 행동이 필요할까'를 토론하고 있는 것과 마찬가지잖아요. 제 음식은 테이블에 그대로 둔 채 말이죠. 앞으로의 업무에 회의 내용을 참고하면 되지 않냐고요? 글쎄요. 최 과장이 정리한 회의 자료는 아무도 안 읽을 걸요. 심지어 팀장조차도 말이죠.

모두의 귀중한 시간을 쪼개어 회의했으면 당연히 진전과 결론이 있어야 합니다. 의견 합의든, 업무 분담이든 말이죠. 회의에 진전을 가져오는 핵심 방법은 크게 두 가지입니다.

- 회의 시작 지점 : 사전 공유(회의 안건과 목표를 미리 알린다.)
- 회의 종료 지점 : 역할 분담(누가 언제까지 무엇을 할 것인가.)

첫 번째 키워드는 '사전 공유'입니다. 앞에 '노 서프라이즈' 부분에서도 언급했듯이 회의 안건은 미리 공유하는 게 좋습니다. 5분 만에 좋은 아이디어를 떠올리거나 즉석에서 심도 있는 토론을 진행하는 건 거의 불가능합니다. 미리 주제를 공유하고 어느 정도 이해가 된 상태에서 모여야 바로 본론으로 들어갈 수 있습니다. 회의 목표도 공유하면 더 좋겠죠. 다음은 철강회사의 시설안전팀 팀장이 팀원들에게 보내는 회의 공지 중 일부입니다.

"다음 주 수요일의 회의 주제는 **'안전한 작업장 환경을 만드는 방법'**입니다. 총 두 가지 방향입니다. 첫째, '우리가 관성적으로 넘겼지만 사실 안전하게 바꾸고 싶은 작업 환경이 무엇일까?' 둘째, '신규 직원이 실수로 위험한 상황에 빠지는 걸 어떻게 막을 수 있을까?'입니다. (① 안건 공유) 회의에서는 주제별로 올해 안에 적용할 수 있는 방안 2개씩, **총 4개의 구체적인 방법**을 찾아보려고 합니다. (② 회의 목표 공유)"

회의 이후도 중요합니다. 이야기를 충분히 나눴다는 뿌듯함으로 끝나면 아무 의미가 없습니다. 누가, 언제까지, 무슨 일을 할 것인가를 구체적으로 정해야 해요. 두 번째 키워드인 '역할 분담'이 필요한 이유입니다.

"오늘 회의를 통해 작업장을 안전하게 만드는 4가지 방향이 나왔습니다. 진규 님 1번, 세영 님 2번, 석민 님 3번, 태진 님은 4번을 각각 맡아서 구체적인 방법을 찾아보면 좋겠습니다. (① 누가 무슨 일을) 한 페이지로 개선 방안을 정리한 후 금요일 2시까지 진규 님에게 보내주세요. 진규 님은 취합 자료를 금요일 5시까지 팀에 공유해주시면 됩니다. (② 언제까지) 다음 주 월요일 3시에 회의를 이어서 하겠습니다."

- 회의 밀도를 높이는 첫 번째 원칙은 '노 서프라이즈^{No Surprise}(불확실성 줄이기)'이다. 팀원을 위한 회의 시간을 일정표에 예약해두고, 회의 주제를 간단하게 서로 메모해두자.

- 문제에 관해 이야기하면 그 문제를 위해 무엇인가 한 느낌이 든다. 실제로 바뀐 게 아무것도 없다면 그건 착각이다.

- 회의 밀도를 높이는 두 번째 원칙은 '스텝 포워드^{Step Forward}(무조건 한발 전진하기)'이다. 사전에 공유하고, 마지막에 누가 무슨 역할을 언제까지 할지를 정하자.

Q.

"나와 팀원 간의 회의는
서로를 **도와주는 시간**인가, 아니면
한창 일하는 걸 **방해하는 시간**인가?"

시간 부족을 해결하는
업무 위임법

─────────────────────────────── 원숭이 돌려주기 ────

왜 팀장의 어깨는
회의하고 나면 더 무거워질까?

팀장은 일을 시키는 사람이에요. 일반적으로 회의라는 도구를
통해 팀원에게 일을 분배하고 위임합니다. 따라서 회의가 끝난
후에는 팀장 업무의 짐이 덜어지니까 마음이 가벼워지는 게 자
연스럽습니다. 그렇지만 실제로는 어떠신가요? 팀원과 회의를
끝내고 나면 짐을 덜어낸 홀가분한 느낌이 드시나요?

 글쎄요. 회의 이후 오히려 묵직한 부담감과 일거리가 늘어난
기분이 든다는 팀장이 많습니다. 팀원의 난도 높은 도움 요청이
있었다면 고민하는 게 맞겠지만, 팀원과 회의할 때마다 팀장의

일거리가 늘어난다면 무언가 잘못되었다는 신호겠지요.

팀장들, 특히 신임 팀장이 자주 하는 실수는 '팀원의 업무를 대신 떠맡는' 행동입니다. 실무자 시절 책임감 강하고 많은 일을 처리했던 능력자일수록 팀장이 되고서 쉽게 함정에 빠집니다. 특히 팀원이 문제를 보고할 때 이런 반응이 나타나죠.

"팀장님, 저희가 생산하는 제품의 A 부품 있잖아요. 그걸 공급하는 게 P 회사인데, 방금 가격을 20% 올리겠다는 연락이 왔어요. 어떻게 하죠?"

팀장은 선뜻 답변할 수가 없습니다. 팀원의 정보만 듣고서는 가격을 올려주라고 할 수도, 거래를 끊고 다른 업체로 바꾸라고 할 수도 없으니까요. 게다가 팀원은 매번 꼭 바쁜 와중에, 중요한 미팅에 나가려는 찰나에 물어봅니다. 팀장은 일단 알겠으니 생각해보고 알려주겠다고 말하며 팀원을 돌려보냅니다.

이제 이 문제는 누구의 것이 되었습니까? 팀장에게 넘어왔습니다. 팀장은 가능한 한 빨리 방법을 찾아 팀원에게 대답해줘야 합니다. 외부 미팅이 끝난 후 서둘러 돌아온 팀장은 이 문제부터 해결하려고 했습니다. 그런데 다른 팀원이 쪼르르 달려오더니 또 다른 문제를 가지고 오는군요. 어디 그뿐인가요. 잠시 후 본부장이 전화로 새로운 요청을 지시합니다. 이메일 함에는 방금 미팅하고 온 거래처의 문의 메일이 도착해 있네요.

문제, 문제, 문제. 결국 주말이 되면 팀장의 어깨에는 미처 끝내지 못한 업무가 열 개쯤 주렁주렁 매달려 있습니다.

누가
원숭이를 가졌는가?

이처럼 고단한 팀장의 삶은 외국도 비슷한 모양입니다. 경영 전문지 〈하버드비즈니스리뷰〉에 실린 칼럼 '누가 원숭이를 가졌는가?(Who's got the monkey?)'가 많은 리더들의 열광적인 지지를 받으며 바이럴되었습니다. 다음은 일부 내용을 발췌한 것입니다.

다음과 같이 상상해보자. 매니저가 복도를 걸어가고 있는데 맞은편에서 그의 부하 직원인 존스가 매니저를 향해 걸어오고 있다. 두 사람이 만날 때 존스는 매니저에게 "좋은 아침입니다. 그런데 문제가 있어요. 매니저님도 아시다시피…"라며 말을 건넨다. 존스가 말을 이어감에 따라, 매니저는 이 문제에서 그의 부하 직원들이 그의 관심을 끌기 위해 제기하는 모든 문제에는 두 가지 공통점이 있다는 사실을 간파한다. 즉, 이 매니저는 ① **자신이 개입할 만큼 문제에 대해 충분히 알지만, ② 자신에게 기대되는 즉각적인 결정을 할 만큼은 알지 못한다**는 것이다. 결국, 매니저는 다음과 같이 말한다. "당신이 이 문제를 제기해주어 고맙습니다. 그런데 나는 지금 바쁩니다. 대신 내가 이 문제에 대해 생각해보겠습니다. 차후 알려드리죠." 그러고 나서 매니저는 존스와 헤어진다.

이 상황을 분석해보자. 두 사람이 만나기 전에 '원숭이'는 누구의 등에 있었는가? 바로 직원의 등에 있었다. 두 사람이 헤어진 뒤에 원숭이는 누구의 등에 있나? 바로 매니저의 등이다.

－《개인의 능력을 극대화하는 자기경영》(피터 드러커 외, 매일경제신문사) 중에서

'누가 원숭이를 가졌는가?'

"좋은 아침입니다.
그런데 문제가 있어요.
아시다시피…."

리더들의 딜레마

① 자신이 개입할 만큼 문제에 대해 충분히 알지만,
② 자신에게 기대되는 즉각적인 결정을 할 만큼은 알지 못한다.

리더들의 선택

"당신이 이 문제를 제기해주어 고맙습니다. 그런데 나는 지금 바쁩니다. 대신 내가 이 문제에 대해 생각해보겠습니다. 차후 알려 드리죠."

이제 원숭이는 누구의 등에 있나?

처음 이 글을 읽었을 때 머리를 맞은 듯했습니다. 저 역시 팀장이라면 팀원들의 고민에 막힘없이 답을 해줘야 한다는 압박감 때문에 문제를 대신 떠안은 적이 많았거든요. 팀장의 시간은 점점 모자라고 팀원은 팀장의 대답을 초조하게 기다리는 상황이라 서로가 힘들었습니다.

문제가 팀장 손에서 정체돼 있으면 팀원의 업무도 멈춥니다. 팀장이 문제를 빠르게 돌려줘야 팀원이 일할 수 있어요. 회의가 팀장에게 짐이 되지 않으려면, 더 나아가 생산성을 높이려면 팀장이 문제를 떠안고 있는 시간이 짧아야 합니다.

원숭이는 바로 돌려줍시다
(feat. 구체적 지시)

위 칼럼의 저자인 온켄 주니어William Oncken Jr와 도널드 바스Donald Wass가 제안하는 해결책은 명쾌합니다. '원숭이는 바로 돌려줘라'라는 겁니다. 이게 무슨 말일까요. 팀원이 결정할 수 있도록 문제와 함께 권한도 돌려주라는 의미일까요? 하긴 요즘 셀프 리더십과 임파워먼트가 대세라고 하니 팀원에게 문제를 다시 넘겨보겠습니다.

팀원 : 팀장님, 저희가 생산하는 제품의 A 부품 있잖아요. 그걸 공급하는 게 P 회사인데, 방금 가격을 20% 올리겠다는 연락이

왔어요. 어떻게 하죠?

팀장 : 그래요? 그것만으로는 제가 판단하기 어렵네요. 자세한 정보를 파악한 후 다시 보고해주시죠.

팀원 : 저…. 팀장님, 추가로 무엇을 알아보면 될까요?

역시 팀원은 만만치 않습니다. 뭘 알아봐야 하냐고 또 묻는 군요. 이럴 때 팀장이 짜증을 내면서 '어떻게 일일이 다 알려주냐. 알아서 고민해보라'고 해봤자 관계만 나빠질 뿐입니다. 팀원은 이후로도 보고를 다섯 번쯤 더 하면서 고군분투하거나, 시무룩한 마음으로 묻어두고 있다가 문제가 커지면 그제야 다시 팀장에게 보고할 가능성이 큽니다.

원숭이를 바로 팀원에게 돌려줍시다. 앞의 상황을 찬찬히 살펴볼게요. 팀장은 ① **자신이 개입할 만큼 문제에 대해 충분히 알고** 있습니다. A 부품도 알고, P 회사도 알고, 20% 올린다는 게 무슨 의미인지도 압니다. 하지만 ② **자신에게 기대되는 즉각적인 결정을 내릴 만큼은 알지 못하는** 상황입니다. 이 말은 곧 팀장이 판단할 수 있을 만큼의 정보를 알게 된다면 결정이 가능하다는 의미입니다. 어떤 정보를 알면 팀장이 판단하고 결정을 내릴 수 있을까요? 저는 크게 세 가지 덩어리를 꼽아보았습니다.

① 얼마짜리 문제인가?

1년에 A 부품을 얼마나 구매하는가? 전체 제품 가격에 얼마나 영향을 주는가? 즉, 이 문제가 20만 원짜리인지(100만 원 구매), 2억 원짜리인지(10억 원 구매)를 알아야 결정할 수 있다.

② 협상의 여지가 있는가?

왜 가격을 올리려고 하는가? 대량 구매, 장기 계약, 회사 인프라 제공 등을 통해 가격 협상이 가능한지 알아보라.

③ 대안은 무엇인가?

P 회사 외에 A 부품을 구매할 수 있는 다른 기업은 어디이며, 가격은 얼마인지 파악해보라.

팀장 : 음…. 일단 ① **얼마짜리 문제**인지 파악했으면 좋겠어요. 1년에 A 부품을 얼마나 사는지 조사해주세요. 추가 부담 금액이 얼마인지 알아야 제대로 판단할 수 있으니까요. 그리고 왜 가격을 올리는지 물어봐서 ② **협상의 여지가 있는지** 알아봐주세요. 예를 들어 우리가 소량 구매하는 게 문제라면 대량 구매를 통해 단가를 낮출 수 있는지 얘기해볼 수 있겠죠. 마지막으로 ③ **대안**도 함께 파악해봅시다. A 부품을 구매할 수 있는 다른 기업은 어디인지, 가격은 얼마인지 정리해서 보고해주세요.

대략 이 정도면 충분합니다. 위의 팀장처럼 즉석에서 술술 말할 자신이 없더라도 전혀 걱정할 필요가 없습니다. 팀원과 둘이 앉아서 '결정하려면 무슨 정보가 필요할까?'를 5분 동안 회의하며 주요 키워드를 뽑아내면 되니까요. 짧은 회의가 끝나면 "이것들을 알아본 후에 다시 보고해주세요."라는 말과 함께 팀원을 업무로 돌려보냅니다.

이제 원숭이는 어디에 있습니까? 팀원 등 뒤에 있습니다. 팀장 등 뒤에 5분 정도 있었지만, 팀장은 짧은 회의 이후 바로 팀원에게 돌려보냈으니까요. 이제 팀장은 가벼워진 등으로, 팀원이 원숭이를 다시 가져올 때까지 차분하게 다른 업무를 하면 됩니다.

요약 _____

- 회의가 끝나면 팀원의 과제가 늘어야 한다. 팀장의 숙제가 아니라. 그런데 책임감 있는 실무자가 팀장이 되면 곧잘 팀원의 일까지 대신 떠안느라 업무 과부하로 허덕인다.
- 원숭이는 바로 팀원에게 돌려준다. 5분 간의 짧은 회의로 팀원에게 구체적인 업무 덩어리를 전하면 모두의 시간을 아낄 수 있다.

Q.

"다른 사람의 업무를 대신하느라 바쁜
나의 가짜 일은 무엇인가?"

Build

Bett

팀원과
함께
일한다는 것

Chapter 5

나도 좋은 팀에서
일하고 싶다

무엇이
좋은 팀을 만드는가

구글이 건넨 멋진 대답

좋은 팀은
최고의 복지이다

어떤 팀을 만들고 싶으신가요? 일하는 사람이라면 오피스 배경의 드라마에 나오는 이상적인 팀을 보며 '나도 저런 데서 일하고 싶다'며 부러워한 적이 있을 겁니다. 또는 실무자 시절에 '내가 팀장이 되면 저렇게 하지 말아야지'라고 생각한 기억이 있을지도 모르겠네요.

좋은 팀에서 일하는 건 모두의 꿈입니다. 사람마다 일하는 방식과 취향이 다르기 때문에 선호하는 팀의 모습은 동일하지 않겠지만 말이죠. 어떤 사람은 서로 끈끈하고 헌신하며 가족처럼 각종 대소사도 공유하는 팀을 원합니다. 또 다른 누군가는 개인적인 교류와 친목은 최소화하고 각자의 업무에 집중할 수 있는 팀을 이상적이라고 여기기도 합니다.

시끌벅적한 팀, 조용한 팀, 서로 칭찬하고 격려하는 팀, 격렬하고 날카로운 토론이 일상인 팀, 창의적인 팀, 규칙이 중요한 팀 등등. 팀의 모습은 다양하고 역동적입니다. 겉모습만으로는 어느 팀이 더 낫다고 말할 수 없죠. 좋은 팀을 규정하는 건 외부 특성이 아니라 구성원들 마음속에 이런 마음이 드는지 여부입니다.

나는 이 팀에 합류하게 되어서 좋다.
나는 우리 팀원들과 함께 일하는 게 좋다.

설사 팀 분위기가 취향에 맞지 않을 때조차 팀원들은 여전히 같은 생각을 한다는 점이 흥미롭습니다. '나는 극 내향형 인간인데, 동료들이 죄다 활발해서 부담스러워. 그래도 우리 팀에서 일하는 건 좋아.' 같은 평가를 내리는 팀이 실제로 존재합니다.

좋은 팀에서 일하는 경험이야말로 일하는 사람에게 최고의 복지입니다. 탕비실의 고급 커피 머신과 한우 오마카세 회식보다 삶에 큰 영향을 줍니다. 팀장이 된 지금, 드디어 좋은 팀을 만들 기회가 왔습니다. 만약 우리가 세계 최고의 팀을 만들어야 한다면 부담스럽겠지만, 좋은 팀이라면 한번 해볼 만하지 않을까요?

구글이 제시한 키워드
'심리적 안전감'

내로라하는 전문가들이 모여 성과가 높은 팀의 비결을 연구한 프로젝트가 있습니다. 바로 구글에서 진행한 '아리스토텔레스 프로젝트'인데요. 약 2년 간 면밀하게 분석한 끝에 탁월하면서 성공적인 팀의 요인을 찾아냈습니다.[2]

성공적인 팀의 요건
① 심리적 안전감(Psychological Safety)[3]
② 업무를 믿고 맡길 수 있는 신뢰성(Dependability)
③ 명확한 체계(Structure & Clarity)
④ 일의 의미(Meaning)
⑤ 일의 영향력(Impact)

가장 중요하고 근본적인 성공 요인은 의외로 '심리적 안전감' 이었습니다. 저는 결과를 보고 다소 의아했습니다. 심리적 안전이 중요한 건 인정하지만, 첫 번째로 꼽을 요인까지는 아닌 듯

---

2 구글이 발표한 아리스토텔레스 프로젝트의 원문은 다음의 주소에서 볼 수 있다. https://rework.withgoogle.com/print/guides/5721312655835136
3 'Psychological Safety'를 국내에서는 심리적 안전감 또는 심리적 안정감이라고 부른다. 필자는 '안정감'이라는 단어가 일정한 상태를 유지한다는 Stability 의미로 혼동될 수 있어 구글의 의도와 다르게 해석할 수 있다는 생각 때문에 직역에 가까운 '안전감' 용어를 선호한다.

했거든요. 만약 자녀 양육에 심리적 안전감이 가장 중요하다고 했다면 이해가 갔을 거예요. 하지만 세계에서 가장 치열하게 일하기로 유명한 조직에서 첫 번째로 꼽는 팀의 성공 요인이 심리적 안전감이라니요.

구글은 심리적 안전감에 대해 '팀원들이 위험을 감수해도 안전하다고 느끼는 마음'이라고 추가로 설명했습니다. 리더나 동료들에게 질문을 하거나, 새로운 아이디어를 제안하거나, 실수를 고백하더라도 불이익이나 창피를 당하지 않을 것이라는 믿음이 있어야 뛰어난 성과가 난다고 하면서요.

여기까지 읽자 저는 '아하' 하는 마음이 들었습니다. 뛰어난 직원들이 점점 입을 다물게 되고 소극적으로 변하는 팀을 여럿 보았기 때문이죠. 전형적인 사례를 보여 드릴게요. 신선 제품 배송기업에서 물류 품질을 책임지는 송 팀장의 회의 장면입니다.

팀장 : 올해 신선 제품의 주문이 늘어나면서 폐기율도 함께 증가하는 문제가 생겼어요. 좋은 해결 방법이 없을까요?

팀원 일동 : ….

팀장 : 부담 갖지 말고 다들 편하게 얘기해보세요.

박 대리 : 신선 제품의 보관 기간을 늘리면 아무래도 폐기율이 낮아지지 않을까요. 냉장 시설을 업그레이드하는 것도 방법일 것 같습니다.

팀장 : 냉장 시설? 어디에요?

박 대리 : 물류 창고일 수도 있고요, 냉동 탑차일 수도 있고….

팀장 : 우리 회사의 물류 창고에 냉장 시설이 없나요?

박 대리 : 글쎄요. 저도 정확히는 모르지만 아마 몇 군데를 제외하고는 대부분 없을 겁니다.

팀장 : 기존 창고에 냉장 시설을 설치하면 얼마가 들까요?

박 대리 : 글쎄요. 저도 정확한 금액까지는 아직….

팀장 : 비용이 어마어마할 텐데 과연 투자한 만큼의 가치가 있을까요? 비용 대비 효과를 생각해야지 아무렇게나 말하면 안 됩니다. 게다가 냉동 탑차는 갑자기 왜 나온 거죠?

박 대리 : …. (아니, 편하게 의견 내라면서요.)

다음부터 박 대리는 현명하게 아무 말도 하지 않을 겁니다. 기껏 의견을 냈다가 망신과 면박만 당했으니까요. 이런 분위기라면 팀원 누구도 의견을 내거나 새로운 시도를 하려 하지 않을 거예요. 팀장이 시킨 일만 하고 모든 일을 팀장에게 일일이 물어볼 겁니다. 문제가 생겨도 가능한 한 숨겨 두겠죠.

여러분의 팀은 심리적 안전감이 있는 곳인가요? 많은 팀장들이 그렇다고 생각합니다. 팀원이 팀장인 자신에게 종종 농담도 하고 불만도 편하게 이야기하니까요. 하지만 심리적 안전감은 관계가 무난하게 좋다는 걸 의미하는 게 아닙니다. 하버드 경영대학원의 에이미 에드먼슨Amy. C. Edmonson 교수가 제안한 네 가지 질문을 한번 살펴보시죠. 마지막 한 줄은 제가 덧붙인 것입니다.

- 구성원이 눈치를 보지 않고 아이디어를 말할 수 있는가?
- 실수를 솔직하게 털어놓을 수 있는 환경인가?
- 도움을 요청하는 데 거리낌이 없는가?
- 팀원이 리더의 의견에 반대할 수 있는가?
- 팀원이 동료에게 반대 의견을 편안하게 말할 수 있는가?

답은 팀장이 아닌 팀원이 적는 게 정확합니다. 긍정부터 부정까지 5점 척도로 표기하면 더 유용합니다. 분기나 반기마다 주기적으로 설문한다면 문제가 있을 때 초기에 알아챌 수 있고, 잘못을 수정했을 때 점차 좋아지는 상황 역시 지표로 확인할 수 있어요.

심리적 안전감에 기여하는 건 팀장일 수도, 다른 동료 팀원일 수도 있습니다. 중요한 건 팀원 누구의 생각이 맞는지, 팀장의 오해인지 아닌지를 따지는 게 아닙니다. 심리적 안전감은 '믿음'이니까요. 혹시라도 결과지를 보고 팀원들을 소집해서 우리 팀의 심리적 안전감이 3분기째 매번 떨어지는 이유가 무엇인지 추궁하거나, 신입사원 점수가 특히 낮은데 선배들이 뭐 하는 거냐며 훈시하시면 안 됩니다.

음…. 안 그러실 거죠?

요약 _____

- 좋은 팀에서 일하는 건 최고의 복지이다. '이 팀에 합류하게 되어서 좋다', '우리 팀원들과 일하는 게 좋다'는 마음이 드는 팀이야말로 모두가 꿈꾸는 것이다.
- 구글은 성공적인 팀의 첫 번째 요건으로 '심리적 안전감'을 제시했다. 팀원들이 위험을 감수해도 안전하다고 느끼면 팀에 대한 소속감과 성과가 동시에 높아진다.
- 주기적으로 팀의 심리적 안전감을 진단하는 설문 조사를 해보자. 단, 결과를 가지고 팀원을 다그치는 건 금물이다.

—————————— **Q.** ——————————

"우리 팀원들은
해보고 싶은 일이나 **문제**가 생겼을 때
동료들이나 팀장인 나에게
기꺼이 공유하는가?"

'팀장은 내 편이야'
라는 믿음이 생기려면

소속 신호

좋은 팀을 만드는 믿음이란?
'나는 이곳에서 안전해'

구글이 발표한 성공적인 팀의 요건이 '무엇What'에 해당하는 내용이었다면, 《최고의 팀은 무엇이 다른가》(대니얼 코닝, 웅진지식하우스)라는 책은 '어떻게How'에 초점을 맞춰 심리적 안전감을 높일 수 있는 방법을 안내하고 있습니다. 저자인 대니얼 코닝은 '당신은 이곳에서 안전하다'라는 생각이 뛰어난 팀 문화를 이끈다고 강조합니다. 특히, 구성원들끼리 서로를 지지하는 소속 신호에 관해 이야기한 부분에 공감이 갔습니다.

팀장이라면 누구나 이상적으로 그리는 팀의 모습이 있습니다.

서로를 응원하고 지지하는 분위기, 개인플레이와 팀플레이를 적시에 맞게 잘 해내는 사람들, 실수할까 봐 전전긍긍하지 않고 도전하는 문화, 신뢰가 자연스럽게 녹아 있는 그런 팀의 모습 말입니다. 원하는 모습은 분명히 있는데, 어떻게 해야 할지를 몰라 마음속에 바람으로만 남겨놓는 경우가 많잖아요. 우리 모두 이상향의 근처까지라도 한번 가봅시다. 새로 팀을 맡게 된 팀장이라면, 기존의 팀 문화를 바꾸고 싶은 팀장이라면, 다음의 두 가지를 점검하는 것부터 시작하면 됩니다.

첫째, 우리는 다양한 신호로 서로를 지지하는가?

둘째, 문제가 생겼을 때도 여전히 유쾌함이 존재하는가?

첫째, 우리는 다양한 신호로 서로를 지지하는가?

감독인 당신은 지금 영화를 촬영하는 중입니다. 대본에는 '주인공은 K가 하는 이야기에 별로 관심이 없으며 중요하다고 생각하지도 않는다'라는 간단한 지문만 있을 뿐입니다. 지문에 따라 당신은 주인공 배우가 상대방 K의 말에 관심이 없다는 사실을 누구라도 알 수 있도록 다음과 같은 행동들을 지시합니다.

휴대전화를 보거나 다른 자료를 이리저리 뒤적거린다.

내 할 일을 계속 하면서 귀로만 K의 이야기를 듣는다.

이야기 중간에 전화를 받는다.

찌푸린 표정으로 시선을 이리저리 옮긴다.

이야기를 중간에 끊으며 부정적인 반응을 보인다.

"그래요, 알았습니다."라고 말할 뿐 상대방의 이야기에 어떠한 반응도 보이지 않는다.

어딘가 기시감이 들지 않으신가요. 팀장이 팀원과 이야기할 때, 또는 팀원 중 누군가 이야기할 때 다른 동료들이 무심코 보이던 행동과 비슷합니다. 우리가 평소에 악의 없이, 무심코 하는 이런 행동을 제삼자가 본다면 '저 팀원은 팀에서 별로 존중받고 있지 않구나.'라고 생각한다는 뜻입니다. 전혀 모르는 사람도 눈치챌 정도라면 해당 팀원은 당연히 또렷하게 느끼지 않을까요.

좋은 팀을 만들고 싶다면 좋은 신호를 만들어야 합니다. 팀원이 말할 때면 존중받고 있다는 느낌이 드는 신호를 보내주세요. 그래야 팀원들은 이 팀이 안전하다고, 열정적으로 일할 만한 곳이라고 느낍니다. 팀장이 습관적으로 보내는 신호에 따라 팀 분위기는 완전히 달라질 수 있습니다. 팀장이 보내는 신호가 얼마나 중요한지 보여주는 사례를 하나 소개할게요.

소비자 불만을 해결하려는 천 팀장

천 팀장은 가구를 고객 스스로 조립하는 DIY 회사에서 일하고 있습니다. 몇 년간 매출이 큰 폭으로 상승하면서 회사가 승승장구하는 건 좋은 일이지만 최근 고민이 하나 생겼습니다. 고객이 늘면서 조립의 어려움을 항의하는 불만 횟수 역시 늘었기 때문입니다. 천 팀장은 팀원들과 함께 대책을 세우기로 합니다.

팀장 : (상황 설명 후) 모두 문제를 이해하셨죠? 어떻게 하면 고객이 우리 제품을 쉽게 잘 조립할 수 있을지 고민해봅시다.
팀원 : 팀장님, 아예 생각의 전환을 해보면 어떨까요?
팀장 : 어떤 식으로요?
팀원 : 원래 DIY 제품 조립은 어려운 거잖아요. 이 사실을 고객에게 분명하게 알려주면 어떨까요?
팀장 : (굳은 얼굴로) 지금 농담하는 자리 아닙니다. 말 장난 같은 그게 무슨 해결책입니까?
팀원 : 아니, 그게 아니라…. 죄송합니다.

제안한 팀원은 물론이고 다른 팀원 모두 움츠러들었을 겁니다. 회의실에는 '말하는 건 안전하지 않다'라는 신호가 빠르게 퍼졌습니다. 당연히 팀원들은 소극적으로 변하고 회의는 지지부진해집니다. 만약 팀장이 다른 신호를 보냈다면 어땠을까요?

팀원 A : 원래 DIY 제품 조립은 어려운 거잖아요. 이 사실을 고객에게 분명하게 알려주면 어떨까요?

팀장 : 네? 하하하하! (팀장이 유쾌하게 웃자 제안한 팀원과 다른 팀원도 함께 마음 놓고 웃는다.) ☆ (소속 신호 ①)

팀원 A : 왜요, 사실이잖아요.

팀장 : 진짜 기발한 생각인 건 분명하네요. 그런데 우리 상황에 어떻게 적용할 수 있는 거죠? 잘만 하면 괜찮은 솔루션이 나올 것 같기도 한데 말이죠. ☆ (소속 신호 ②)

팀원 B : 맞아요. 장난감 회사인 레고는 조립을 어렵게 만들어서 오히려 대박 났잖아요. ☆ (소속 신호 ③)

팀원 C : 우리도 제품에 레벨을 표시하면 어때요? 가장 난도 높은 건 3, 중간은 2, 가장 쉬운 건 1로 하는 거죠.

팀장 : 그거 괜찮은 생각인데요. 생활용품 판매하는 사이트에서는 살림 초보, 중수, 고수로 나눠서 제품을 추천하기도 하더라고요. ☆ (소속 신호 ④)

팀장이 물꼬를 트면 다른 팀원들도 태도가 바뀝니다. 순식간에 분위기가 바뀌어요. SNS에서 '마음은 궁금하지 않으니 겉으로 잘해주세요'라는 인상적인 문구를 본 적이 있습니다. 겉으로 보이는 말과 행동이 중요합니다. 상대방이 안전하다는 분명한 신호를 보여주세요. 다른 팀원도 서로에게 동일한 신호를 보내도록 격려해주세요. 혹시라도 부정적인 신호가 포착되면 조용히 흐름을 끊어주세요.

둘째, 문제가 생겼을 때도 여전히 유쾌함이 존재하는가?

사람들은 근본적으로 실패에 대한 두려움을 가지고 있습니다. 다양한 심리 실험에서도 사람들은 100만 원을 따는 즐거움보다 100만 원을 잃는 고통을 몇 배 더 크게 느낀다는 걸 보여준 바 있습니다. 그러다 보니 우리의 팀원들도 걱정이 많습니다. 일이 잘되어서 인정받고 평판이 올라가는 기쁨보다, 일이 잘못되어서 어려움을 겪고 비난을 받는 상황에 대한 두려움이 훨씬 큽니다.

팀원의 업무에 문제가 생기거나 실패할 확률은 언제나 존재합니다. 설사 99% 성공을 확신한 업무도 갑작스러운 자연재해 때문에, 거래처의 부도 때문에, 담당자의 건강 문제 때문에 실패하기도 합니다. 팀원들은 이 팀에서 실패를 경험하면 어떻게 되는지를 민감하게 지켜보고 있습니다.

만약 실패할 경우 망신과 비난과 불이익이 따라오는 팀이라면 어떻게 행동할까요? 팀원들은 절대 실패하지 않을 안전하고 익숙한 업무만 하려고 들 겁니다. 책임을 뒤집어쓰지 않으려고 팀장에게 모든 걸 하나하나 물어보겠지요. 뭔가 잘못된 징후를 보더라도 다음 후임자에게서야 드러나도록 모른 척하고요.

실패가 아니더라도, '반드시 성공하지 않으면 안 된다'는 강한 압박이 존재하는 팀이라면 불안감이 높아지고 경직되어 오히려 실력 발휘하지 못할 가능성이 큽니다. 만약 새로운 팀에 발령되어 갔는데 팀 분위기가 가라앉고 무기력해 보인다면, 문제가 생겼을 때의 기억이 고통스러웠을 가능성이 큽니다. 다음의 팀원처럼 말이지요.

팀원 : 팀장님, 저…. 너무 죄송해요. 제가 입력을 잘못해서 유산균 음료 발주를 1,000개 넣었어요. 원래 100개 넣어야 했는데…. 어떻게 하죠?

팀장 : 뭐? 그게 무슨 소리예요? 어쩌다 숫자를 잘못 입력한 거예요? 그게 헷갈릴 수가 있나? 발주 넣고 나서는 두 번씩 점검하라고 했잖아요. 대체 정신을 어디에 두고 일하는 겁니까?

팀원 : (입력하고 있는데 자꾸 빨리하라고 재촉하셨잖아요….)

팀장의 스트레스는 충분히 이해합니다. 하지만 일이 이미 벌어진 상황에서 팀원에게 왜 그런 실수를 저질렀냐며 질책하는 건 아무것도 해결하지 못합니다. 그렇잖아도 팀원은 자책하고 있는데 팀장이 펄펄 뛰며 화를 내니 심장이 쪼그라들었어요. 설상가상으로 다른 동료까지 가세해서 눈치를 준다면 어떨까요.

잘못했을 때 지적하지 말라는 게 아닙니다. 문제가 생겼을 때 상대방이 얼마나 어리석은 행동을 했는가에 초점을 맞추면 안 된다는 뜻이에요. 상황은 이미 벌어졌습니다. 팀원들은 팀장이 문제가 생겼을 때 어떻게 행동하는지를 지켜보고 있어요. 안 좋은 상황에서 팀장의 진짜 모습이 나온다고 생각하니까요. 그러니 상대방을 비난하는 대신 문제 해결에 집중하는 모습을 보여주세요. 유쾌한 태도까지 보여줄 수 있다면 금상첨화입니다.

팀원 : 팀장님, 저⋯. 너무 죄송해요. 제가 입력을 잘못해서 유산균 음료 발주를 1,000개 넣었어요. 원래 100개 넣어야 했는데⋯. 어떻게 하죠?

팀장 : 네? 그럼 900개를 더 시킨 거예요? (머리를 짚으며 고민하다가 어이없기도 하고 상황이 웃기기도 해서 피식 웃는다.) 뭐, 기왕 일은 벌어졌으니 어쩔 수 없죠. 반품은 안 된답니까?

팀원 : 네, 몇 번이나 정말 사정사정했는데 절대 안 된대요.

팀장 : 저도 한번 전화해볼게요. 너무 걱정하지 말아요. 정 안 되면 우리 팀이 한 달 동안 유산균 음료 매일 먹는 거죠, 뭐. 덕분에 다들 변비는 없어지겠네요.

팀원 : (팀장의 농담에 얼굴이 조금 풀어지며) 죄송해요, 정말.

팀장 : 이렇게 된 거 900개를 어떻게 잘 활용할지나 고민해봅시다. 신제품과 묶어서 보너스 상품으로 제공하는 방법도 있고, 외부 행사에 후원할 수도 있고요.

팀원 : 죄송해요. 그리고⋯. 감사해요, 팀장님.

상황이 일단락되고 난 후에는 주문 실수를 어떻게 줄일 수 있을지 함께 고민합니다. 이때도 팀원의 '정신머리'를 고치는 게 아니라 시스템으로 보완할 방법을 찾아보세요. 예를 들어, 비슷한 업무를 하는 팀원이 있다면 서로 짝을 지어서 최종 발주 전에 상대방의 목록을 크로스체크하는 매뉴얼을 만들 수 있습니다. 또는 평소와 눈에 띄게 다른 주문량을 입력할 경우 경고 버튼이 울리거나 주문 칸의 색깔이 달라지도록 시스템을 보완하는 방법도 있겠네요.

좋은 팀 문화를 고민하고 있는 팀장이라면, 팀원들이 다음과 같은 생각을 할 수 있도록 마음 써 주세요.

우리 팀은 내가 실수하지 않도록 도와줄 거야.
최악의 경우 실패하더라도 비난 대신에 함께 해결해줄 거야.

요약 _____

- '나는 이곳에서 안전하다'라는 인식이야말로 좋은 팀을 만드는 출발점이다.

- 좋은 팀에서는 서로를 지지하는 소속 신호가 활발하게 오간다. 누군가 이야기를 할 때 맞장구치고, 아이디어를 덧붙이는 모습이 일상적인 팀에서는 안전감과 자신감이 생긴다.

- 좋은 팀에서는 문제가 생겨도 유쾌함이 여전히 존재한다. 문제가 생겼을 때 비난하고 책임자를 색출하는 대신 해결책에 집중하자. 기왕이면 유쾌한 태도를 유지하면서.

Q.

"최근에 팀에서 문제가 생겼던 상황을 떠올려보자.
그때 나와 팀원들은 어떤 반응을 보였나?"

서로를 이해하면
소음 대신 신호가 또렷해진다

팀과 팀원 '사용 설명서' 만들기

좋은 사람들끼리 모여도
갈등이 생기는 이유

얼마 전에 어떤 리더가 저를 붙들고 소위 '요즘 팀원'의 행태를
하소연한 적이 있습니다.

"팀원이 몸이 너무 아파서 결근해야겠다는 거예요. 그런데 그
걸 어떻게 알려줬는지 아세요? 아침 8시에 문자로 틱 하고 보내
더라고요. 이것까지 참고 이해해야 하는 겁니까?"

"아…."

"당연히 상사에게 전화를 걸어서 직접 양해를 구해야지 그냥
문자로 통보하는 경우가 어디 있습니까? 요즘은 기본적인 것까

지 하나하나 알려줘야 하는 상황이니 답답합니다."

　저는 요즘에 전화를 무서워하는 콜 포비아가 많으니 이해하시
라고 웃으며 넘겼지만 사실 팀원의 행동도 충분히 이해가 갔습
니다. 이른 아침에 불쑥 전화하는 걸 무례라고 여기는 사람도 많
아요. 씻는 중이거나 운전 중일 수 있으니 문자가 더 예의 바르
다고 생각했을 수도 있습니다. 팀원은 목소리 톤도 고민이지 않
았을까요? 왠지 힘없이 이야기해야 아프다는 걸 믿어줄 것 같잖
아요. 그런데 또 어려운 직장 상사에게 끙끙대며 힘없이 이야기
하는 건 왠지 민망한 느낌입니다.

　사람마다 상식과 취향은 다릅니다. 갑작스러운 결근 소식을 알
려야 할 때 전화를 원하는 사람이 있고, 문자를 선호하는 사람이
있습니다. 요즘은 저녁 회식을 질색하는 분위기라지만, 좋아하는
사람도 의외로 꽤 많아요. 팀장이 자세하게 업무 지시를 해주는
방식을 좋아하는 사람이 있고, 큰 틀만 알려준 후 팀원 스스로
알아서 하도록 맡겨주는 걸 선호하는 사람도 있습니다.

　특정 상황에 대한 심리적 거부감도 사람마다 달라요. 어떤 팀
장은 팀원의 업무 미숙은 너그럽게 이해하는 편이지만 1분이라
도 지각하면 날카롭게 반응합니다. 어떤 팀원은 야근하는 것에
별다른 부담을 느끼지 않지만, 퇴근 후 회사에서 연락이 오면 정
이 뚝 떨어집니다. 회의 시간에 비판적인 의견을 들어도 '그런
면도 있구나.' 하고 참고할 뿐 타격감이 미미한 사람이 있고, 정
신적으로 큰 충격을 받아 두고두고 곱씹는 사람도 있습니다.

좋고 싫은 행동이 사람마다 모두 다르니 도대체 팀을 어떻게 이끌어야 한단 말인가요? 심란한 팀장을 위해 두 가지 유용한 방법을 추천합니다. 오해를 줄여줄 '팀 사용 설명서' 만들기, 그리고 이해를 높여줄 '나 사용 설명서' 공유하기가 그것입니다.

'팀 사용 설명서' 만들기 (a.k.a 그라운드룰)

실리콘밸리에서 PM^Product Manager으로 일하는 분의 강의에서 흥미로운 이야기를 들은 적이 있습니다. 실리콘밸리에서는 프로젝트별로 기획자, 개발자, 디자이너 등이 임시로 모여서 팀을 이루는 경우가 많다고 합니다. 그런데 고정된 팀의 구성원이 아닌 데다 직무도 다른 사람들이 모이다 보니 커뮤니케이션 오류가 자주 날 수밖에 없다고 해요. 그래서 프로젝트를 시작하기 전에 기획자, 개발자, 디자이너 등이 각자 '프로젝트를 완성하려면 이건 꼭 되어야 한다'라는 요건들을 적는다고 합니다. 저는 이걸 지칭하는 용어가 재미있었어요.

Good enough to ship(항해하기에 충분한)

각자 적어낸 요건 항목들을 합친 후 그 리스트를 모두가 이정표처럼 참고하며 일한다고 했습니다. 이 중에 하나라도 빠지면 제품이나 서비스는 완성되지 않는 겁니다. 다시 말해, 항해를 떠날 수가 없는 거지요. 최소 요구사항이라고도 할 수 있는 이 리스트는 업무의 항해 도중에 치명적 구멍으로 배가 침몰하는 것을 미리 막아주는 역할을 합니다.

프로젝트 때문에 모인 임시 팀도 이렇게 시작하는데, 1년 이상 매일 함께할 팀에서 최소한의 기준조차 없이 일한다는 건 이상한 일입니다. 앞에서 설명했듯이 사람들은 저마다 특별히 민감하게 반응하는 요소가 있어요. 일로 만난 관계에서 모든 것을 서로 맞출 필요는 없지만, 특별히 싫어하는 행동을 굳이 할 필요도 없겠지요. 오랫동안 좋은 관계를 유지하려면, 좋아하는 행동을 많이 하기보다 싫어하는 행동을 하지 않는 게 더 중요하다는 조언도 있잖아요. 우리만의 'Good enough to ship' 항목을 찾아 팀의 그라운드룰을 만들어봅시다.

Step 1 : 구성원별로 자신의 항목 작성하기

팀장을 포함해서 구성원 모두 자신만의 항목을 적습니다. 처음에는 '서로 배려하자', '아침에 밝게 인사하자', '업무를 잘 공유하자' 같은 두루뭉술한 내용만 떠오를 수 있습니다. 하지만 이렇게 모두에게 정답인 내용만 적는다면 굳이 따로 만들 이유가 없습니다. 이 그라운드룰은 오직 우리 팀만을 위한 맞춤형이라서 의미가 있는 겁니다. 처음 시작을 이렇게 해보세요.

"이 그라운드룰은 오직 우리 팀을 위한 겁니다. 구체적이어야 가치가 생겨요. 업무 시간에 겪는 일 중에서 유난히 자신에게 격렬한 감정을 일으키는 행동을 적어봅시다."

나에게 유난히 싫은, 거슬리는, 섭섭한,
방해되는, 고마운, 감동받는 행동은 무엇인가?

각자 5개 정도 적으면 되는데 최대 10개까지도 괜찮습니다. 팀원끼리 겹치는 게 있을 수도 있으니까요. 대신 10개 중에서도 우선순위 5개는 따로 표시를 해주세요. 제 경우를 예시로 보여 드릴게요. 물론 참고만 하시고 각자 자유롭게 쓰시면 됩니다.

○○○ 팀장의 그라운드룰 항목(예시)

- 회의할 때는 서로에게 집중합니다. (휴대전화나 노트북을 메모 외의 용도로 흘깃대는 건 서로의 힘을 빠지게 합니다.)

- 문제가 생겼을 때는 10분 안에 리더와 관련 팀원에게 공유합니다. (나쁜 소식을 외부인으로부터 듣는 일은 없어야겠죠.)

- 보고 및 요청할 때는 30초 안에 결론을 먼저 이야기하고, 이후에 차근차근 본론을 설명합니다.

- 업무를 도와주면 "○○님 덕분이에요."라고 분명하게 감사를 전합니다. 말하지 않아도 전달되는 진심은 드뭅니다.

- '지겨워', '짜증 나' 같은 부정적인 언어는 속으로만 생각합니다. 우리는 어른이니까요.

Step 2 : 팀 전체 항목을 모은 후 우선순위 정하기

팀장과 팀원 네 명으로 구성된 팀이라면 25~50개의 항목이 모일 겁니다. 하나씩 읽다 보면 웃음이 나는 목록도 있을 거예요.

- 점심 메뉴를 물어보면 '아무거나'라고 말하지 않기로 해요. 진짜 아무거나 다 좋아하는 것도 아니잖아요.
- 퇴근 이후에는 무소식이 최고입니다. 웃기는 짤, 생활의 팁, 업무상 참고 기사 공유도 모두 출근 이후에!

목록을 보며 팀원들과 토론을 합니다. '하지 말았으면' 하는 내용만 잔뜩 있다면 '해주니까 고맙더라' 같은 내용도 상의해서 추가합니다. 항목만 주르륵 적는 것보다는 회의, 협업, 생활매너 같은 키워드로 카테고리를 나눠주면 좀 더 눈에 잘 들어옵니다. 그리고 우선순위에 따라 정리하여 작은 카드로 만든 후 각자 자리에 붙여 둡니다.

이제 우리 팀의 그라운드룰이 정해졌습니다. 항해하기에 충분한Good enough to ship 최소한의 요건이 갖춰진 셈입니다.

'나 사용 설명서'로
상대방 깊이 이해하기

팀이라고 해서 서로를 속속들이 알아야 하는 건 아닙니다. 특히 사생활이나 고민을 여과 없이 공유해야 정말로 친해진다고 여기는 문화는 장점보다 단점이 더 많다고 생각합니다. 이곳은 일하는 공간이니까요. 적당한 선은 필요합니다.

반대로, 각자 맡은 일만 끝내면 그만이지 상대방에 대해 알 필요는 없다는 태도도 바람직한 것 같지는 않아요. 같은 팀으로 일하는 관계인데 서로에 대해 거의 모른다면 일이 매끄럽게 진행되기가 정말 쉽지 않거든요. 분명히 어딘가 삐걱대기 마련입니다. 서로의 업무 방식과 성향, 가치관을 모르면 불필요한 오해가 생겨나기 쉬우니까요.

과도한 친목도, 냉정한 무관심도 우리의 지향점이 아니라면 저는 '나 사용 설명서' 만들기를 추천하고 싶습니다. 팀 구성원들에 특화한 일종의 자기소개인 셈인데요. 본인의 기본적인 정보와 더불어 일할 때 도움이 될 만한 유용한 팁을 알려주는 겁니다. 정해진 형식은 없으니 자신이 팀에서 맡은 일, 잘 아는 분야, 협업할 때 요청사항 등을 편안하게 적으면 됩니다. 취미 같은 정보를 넣어도 좋지만, 경험상 사생활에 관한 내용은 최소한으로 하는 게 좋더라고요.

○○○ 대리의 '나 사용 설명서'(예시) 👤

- 맡은 일 : UX Writing. 사이드로 팀 총무를 맡고 있음. 예산 처리, 물품 구매, 팀 활동 등 궁금한 게 있으면 주저하지 말고 저를 찾아오세요.

- 잘 아는 분야 : 글쓰기, 개발자와 안 싸우고(?) 회의하기, 회사 근처 돈가스 맛집, 칼퇴하는 법

- 협업할 때 이렇습니다.

  - 업무 요청은 미리미리 : 계획이 틀어지면 스트레스 받는 타입. 모든 게 정해지고 난 후 막판에 촉박한 일정으로 일을 주시면 곤란해요. 논의 초반에 살짝 귀띔이라도!

  - 원하는 걸 분명한 언어로 : 감각 있게, 애플처럼 단순하게 같은 표현은 혼란만 키웁니다. 가능한 한 구체적으로 전달해주세요.

  - 피드백은 이메일로 : 저도 만나는 것 좋아합니다! 하지만 피드백을 말로 하시면 어디까지가 요청인지, 아이디어인지 헷갈려요. 회의는 만나서, 피드백은 이메일로.

  - 표정 오해하지 말기 : 인상이 세 보이는 얼굴입니다. (올라간 눈꼬리와 아빠 닮아 각진 턱 때문!) 표정만 보고 오해하지 마세요.

  - 6시 퇴근 중요 : 집에 3살 아기와 11살 반려견이 있어요. 당일에 처리해야 할 급한 일이라면 적어도 오전에 요청해주세요.

  - 말 끊는 행동 고치는 중 : 성격이 급해서 상대방 얘기를 끝까지 안 듣고 '이런 뜻이군요?'라고 끼어드는 버릇을 고치는 중이에요. 제가 그러면 말해주세요. 바로 정신 차릴 겁니다.

노션 같은 공유 프로그램에 '팀 그라운드룰'과 팀원별 '나 사용 설명서'를 올려두면 팀원별로 수시로 수정하거나 업데이트할 수 있습니다. 팀에 처음 온 사람에게도 이 문서를 볼 수 있는 링크를 공유해주면 금방 팀 문화를 익히고 적응할 수 있을 겁니다. 내적 친밀감도 빠르게 올라가겠죠.

여유가 된다면 개인의 강점이나 특성, 동기 부여, 리더십 스타일 등을 진단해볼 수 있는 전문적인 프로그램을 활용해보는 것도 좋습니다. 자신을 더욱 깊이 이해하는 데도, 서로의 성향을 이해하는 데도 큰 도움이 됩니다. 저는 이런 시간이 100번의 회식보다 훨씬 더 친밀감을 높인다고 생각합니다.

- 좋은 사람들이 모인 팀에서도 갈등은 생겨난다. 사람마다 취향과 가치관이 달라서 똑같은 상황도 다르게 해석하기 때문이다.

- 팀장과 팀원의 우선순위 가치관을 모아서 우리 팀만을 위한 그라운드룰을 만들어보자. 팀이 안전하게 항해하기에 충분한Good enough to ship 최소한의 요건이 되어줄 것이다.

- '나 사용 설명서'를 만들어 공유하면 오해 대신 이해가 깊어진다. 새로 합류한 사람도 금방 적응할 수 있다.

_____ Q. _____

"일할 때 **나의 우선순위 가치**를
다섯 개 꼽아보자.
팀원들은 과연 그걸 알고 있을까?"

Chapter 6

힘을 합쳐서
당신이 더 잘되게 해봅시다

'잘 지내시죠?' 대신
깊이 있는 대화

원온원(일대일 미팅)

우리는 왜 피드백 시간이
부담스러울까?

잡코리아와 알바몬이 MZ 직장인을 대상으로 진행한 설문 조사 (2023년) 결과가 흥미로웠습니다. 이상적인 상사 유형 1위로 '피드백이 명확한 상사(42.0%)'가 꼽혔거든요. 2위인 '솔선수범하는 상사(25.6%)'와도 큰 차이가 날 뿐 아니라, MZ가 가장 중요하게 생각할 거라고 짐작했던 '실무에 능숙한(18.4%, 3위)', '동기를 부여하는(18.0%, 4위)'보다 무려 두 배 높은 수치였습니다.

　피드백이 팀장의 중요한 역할로 자리 잡은 건 비교적 최근입니다. 이 말의 뜻은 팀장 대부분은 팀원 시절에 상사로부터 제대로 된 피드백을 받아본 경험이 없다는 뜻입니다. 그러니 일대일 피드백을 의무적으로 해야 하는 연말 평가 시즌이 다가오면 인사팀에 팀장들의 교육 요청 문의가 쇄도한다고 합니다.

우리가 피드백을 부담스러워하는 건 긍정적인 경험이 별로 없기 때문인지도 모릅니다. 어렸을 때부터 가장 자주, 공식적으로 받은 피드백을 한번 떠올려보세요. 아마 '○○ 하지 마라'였을 겁니다. 친구들과 떠들지 마라, 지각하지 마라, 숙제 빼먹지 마라, 수업 시간에 졸지 마라…. 선생님과 단독으로 만나서 이야기한다는 건 대부분 심각한 문제 상황을 의미했습니다.

누적된 경험을 통해 우리는 배웁니다. 잘하고 있으면 별다른 말이 없지만, 둘이 만나서 진지하게 대화한다는 건 문제가 있다는 사실을 말이지요. 이런 인식이 굳어지다 보니 회사에서 피드백을 하라고 하면 팀장은 팀원의 잘못을 고쳐주는 시간, 팀원은 공식 불만 접수 시간 쯤으로 여기는 경향이 있습니다. 결국, 끝나면 둘 다 마음이 무거워지고 서로에게 섭섭한 감정만 남습니다. 숙제 거리를 잔뜩 안은 것 같은 느낌도 들고요.

피드백은 그동안 시간이 부족해서 못하고 넘어갔던 불만을 허심탄회하게 본격적으로 나누는 시간이 아닙니다. 속 깊은 이야기를 털어놓으며 관계가 깊어지는 친목 시간도 아니에요. 물론 피드백을 반복하다 보면 그런 식의 이야기도 종종 나누겠지만, 어디까지나 부차적입니다.

조직에서 피드백은 목표 관리를 위해 팀장과 팀원의 생각을 맞춰가는 조율 시간이고, 팀원의 강점을 발견하거나 애로사항을 확인하는 시간입니다. "이 방향으로 가라는 말씀이시군요?", "오! ○○님은 이게 더 선호하는 방식이군요.", "이런 문제가 있어서 더 이상 앞으로 가지 못하고 있었군요."라며 목표로 가는 여정의 이정표와 장애물 등을 함께 확인하는 거죠. 저는 이게 피드백의 가장 중요한 본질이라고 생각합니다.

팀원과 깊이 있는
일대일 대화를 하려면

다양한 피드백 방식이 있지만 여기서는 원온원One on One을 중심으로 이야기해보겠습니다. 실리콘밸리에서 탁월한 성과 비결 중 하나로 팀장과 팀원이 일대일로 만나 피드백을 주고받는 원온원 미팅이 주목받으면서, 최근 팀장의 중요한 역량으로 부각되었거든요. 원온원은 우리 말로 일대일 면담이지만, 면담이라는 단어가 지닌 부정적 느낌 때문에 보통 원온원이라는 단어를 그대로 사용하는 추세입니다.

원온원의 첫 번째 규칙은 '**정기적으로 만나는 것**'입니다. 팀원별로 일주일에 한 번은 만나는 게 이상적입니다. 팀 업무가 반복적이고 변화가 없다면 한 달에 한 번 만나도 괜찮지만, 자주 보는 게 오히려 더 편합니다. 비유컨대, 일주일에 두세 번 만나 1시간씩 수다를 떠는 친구와 3년 만에 만난 친구 중 누구와의 대화가 더 원활한지를 생각해보세요. 얼핏 생각할 때는 3년 만에 만난 친구와 할 말이 더 많을 것 같지만 오랜만에 만난 친구와는 '와, 반갑다. 그동안 어떻게 지냈어?' 같은 근황을 공유하고 나면 금세 화제가 떨어집니다. 하지만 자주 만나는 친구라면 "지난주에 여행지 알아본다는 거 어떻게 됐어?", "근무 중에 몰래 주식 투자한다던 최 대리님 있잖아. 이번 주에 본부장님한테 완전히 걸렸거든? 그런데….." 등 서로의 상황에 관해 정보가 많으니 대화가 더 풍성합니다.

원온원도 마찬가지예요. 팀원과의 원온원이 힘들고 괴로운 가장 큰 이유는 너무 오랜만에 만나기 때문입니다. 친척 결혼식에서 5년 만에 만난 사촌 동생과의 대화처럼 겉도는 화제를 주고받게 되는 거죠. 하지만 자주 만나면 "지난주에 고민하던 문제가 어떻게 되고 있나요?" 같은 대화가 가능해집니다.

원온원의 두 번째 규칙은 **'팀원을 대화의 중심에 두기'**입니다. 아마도 팀장들이 예전에 팀원 시절 겪었을 법한 전형적인 면담 모습을 보여 드릴게요.

팀장 : 요즘 어떻게 지내요?
팀원 : 아, 예. 뭐, 잘 지내고 있습니다.
팀장 : 업무상 어려운 점은 없나요? 건의할 거라던가.
팀원 : 바쁘긴 한데…. 괜찮습니다.

팀장 : 그래요? (잠시 어색한 침묵이 흐른다.) 그럼 제가 이야기할까요? 지난번 ○○님이 맡은 시제품 제작이 예정보다 이틀 늦어졌잖아요. 클라이언트가 항의해서 곤란했어요. 앞으로는 일정에 신경 써주면 좋겠어요.

팀원 : 디자인 확정이 너무 늦게 돼서 그런 거였잖아요. 제가 급하다고 팀장님께 몇 번이나 말씀 드렸는데….

팀장 : 본부장님이 원래 마지막까지 고민하는 성격이시잖아요. 저도 중간에서 고민이 많습니다. 제가 이런 말까지는 안 하려고 했는데 팀원들이 상황을 제대로 모르는 것 같아요. (자신의 고충과 그동안 팀원에게 섭섭했던 상황을 한참 이야기한다.)

팀원 : 예. 알겠습니다. 팀장님도 고충이 많으시네요.

팀장 : 그래요. 더 하고 싶은 이야기가 있나요?

팀원 : …. 아뇨, 없어요.

팀장 : 그래요. 그럼 다음에 봅시다. (팀장의 입장을 충분히 전달했고 팀원도 마침내 이해한 것 같아 뿌듯하다.)

위 대화의 가장 큰 문제는 팀장이 주인공을 헷갈린 데 있습니다. 원온원이라고 부르는 시간의 주인공은 팀장이 아니라 팀원입니다. 팀원이 업무를 제대로 잘하려면 팀장이 무엇을 도와줄 것인지에 초점을 맞추는 시간이니까요.

다음은 팀원을 대화의 중심에 둔 원온원 모습입니다.

팀장 : 지난번 ○○님이 맡은 시제품 제작이 예정보다 이틀 늦어졌잖아요. 클라이언트가 항의해서 곤란했어요. **○○님처럼 책임감이 강하고 업무 속도가 빠른 분이 이유 없이 그러실 리가 없잖아요. 혹시 어떤 어려움이 있었던 건가요?**

팀원 : 디자인 확정이 너무 늦게 나와서 어쩔 수 없었어요. 제가 팀장님께 급하다고 몇 번이나 말씀 드렸는데….

팀장 : 맞다. 그랬었죠. 본부장님이 자꾸 미루시는 바람에 그랬어요. 그런데 일주일 전에 확정하면 되는 거 아니었나요?

팀원 : 영업일 기준으로 7일이에요. 그러니까 주말이나 휴일이 끼어 있으면 더 길어져요.

팀장 : 10일 전에는 확정이 필요하군요.

팀원 : 그렇죠!

팀장 : 알겠습니다. 이제부터 마감을 10일 전이라고 생각하고 본부장님께도 이야기할게요. 제가 깜빡 놓칠 수 있으니 ○○님이 마감 3일 전에 한 번 더 말해주실 수 있을까요? 그리고 혹시라도 확정이 늦어지는 상황이 다시 올 때를 대비해서 추가 비용을 내고라도 빠르게 제작할 수 있는 외주처가 있나 한번 알아봐 주세요. 물론 그럴 일은 없어야겠지만 말입니다.

팀원 : (씨익 웃으며) 얼마든지요.

팀장 : 잘 해결됐네요. 자, 그럼 다른 이야기도 해볼까요? **팀 상황판에 보니까 ○○님의 A 프로젝트가 한 달 동안 검토 단계에 머물러 있던데 혹시 무슨 어려움이 있나요?**

팀원 : 사실 안 그래도 팀장님께 상의 드리고 싶긴 했는데요….

긍정적 경험이 쌓인 팀원은 좀 더 열의를 가지고 대화에 임하게 됩니다. 심리적 안전감이 생겼으니까요. 팀장과 이야기하고 나면 뭐가 달라져도 달라진다는 믿음이 생기게 되면 팀원은 본인 차례의 피드백 시간을 기다리게 됩니다.

서로의 생각을 맞춰나가는 원온원 대화법 '무슨 말을 할까?'

원온원에서 무슨 대화를 나눠야 할지 막막하다면 다음의 네 가지 항목부터 시작하면 됩니다. 유일한 정답은 아니지만, 최소한 대화가 엉뚱한 방향으로 흐르지 않도록 도와줄 겁니다. 익숙해지면 자신과 팀원에게 맞는 고유의 원온원 방식을 찾아 나가면 됩니다.

① 무엇이 좋았는지를 명확하게 말해주기

팀장은 팀원이 무엇을 잘했는지 스스로 잘 알고 있을 거라고 짐작하지만, 모르는 경우가 의외로 많습니다. 좋은 성과를 내는 직원이 자신은 이 조직에서 제대로 일을 해내지 못하는 사람인 것 같다며 자책하는 모습에 입이 떡 벌어진 적도 있었으니까요. 그

직원이 워낙 탁월하니까 주변에서 아무도 말을 해주지 않았던 거죠. 당연히 본인이 잘나고 뛰어난 걸 알겠지, 라고 다들 지레짐 작했을 겁니다.

팀원들은 자신이 제대로 가고 있는지 아닌지를 생각보다 잘 모릅니다. 예를 들어, 어떤 팀원이 평상시라면 다섯 번 정도 전면 재수정하는 제안서를 두 번 만에 쉽게 통과시켰다고 해봅시다. 우리는 모두 대단하다고 여기지만 정작 그 팀원은 전면 재수정 을 두 번이나 한 탓에 의기소침할 수 있습니다.

그러니 말을 해줘야 합니다. 어떤 면이 좋았는지, 또는 무엇을 맞게 했는지를 말입니다. 운동을 가르쳐주는 트레이너가 "지금 요! 바로 이 자세가 맞는 거예요. 지금의 동작과 느낌을 기억하 세요."라고 말해주는 것과 비슷합니다.

"이번 제안서의 두 번째 사례는 정말 대단했어요. 클라이언트 가 듣자마자 자세를 고쳐 앉더라고요."

"재고가 지난번보다 20%나 줄었어요. 덕분에 비용 절감이 가 능했습니다. 어떻게 이렇게 정확하게 예측한 거예요?"

"이번에 진행한 설계 과정이 아주 매끄러웠습니다. 특히 생산 팀과 협의가 잘 되니까 좋더라고요."

② 어떻게 하면 더 좋아질까를 함께 고민하기

잘못한 걸 찾아내서 반성시키라는 뜻이 아닙니다. 유사한 뉘앙스를 풍기는 순간 팀원은 방어적으로 바뀔 겁니다. 팀장이 고과를 매기는 사람인데 팀원이 잘못을 순순히 인정하고 고백할 리가 없잖아요. 부족한 걸 추궁하는 대신에 "○○님의 지혜를 나눠주세요." 같은 태도로 대화를 이끌면 분위기가 훈훈해집니다. 지혜를 나눠달라는 말이 어색하게 들릴 수 있지만, 팀원이야말로 해당 업무의 최신 버전을 경험한 사람이잖아요. 팀장으로서는 현장의 목소리를 들을 귀중한 기회입니다.

"혹시 ○○님이 하신 A 프로젝트 중에서, 과거로 돌아간다면 다른 방식으로 하겠다고 생각하시는 부분이 있을까요?"

"다음에 다른 팀원이 비슷한 업무를 맡았을 때 도움이 될 만한 조언이 있을까요?"

③ 팀원이 몰입할 최적의 업무 찾아보기

똑같은 업무나 상황이라도 팀원에 따라 플러스가 되기도, 마이너스가 되기도 합니다. 예를 들어, A라는 팀원은 새로운 도전을 좋아하고 기존 업무를 반복하면 힘들어하는 성향입니다. 이에 반해, B라는 팀원은 일이 계획대로 차질 없이 진행되는 것을 중요하게 생각하고 예측 불가능한 것을 싫어하는 사람입니다. 따라서 똑같은 난도의 업무를 맡기더라도 업무 성격에 따라 A와 B의 반응은 확연하게 다릅니다.

[사례 1] 도전적이고 새로운 업무

팀장 : 이번에 맞춤형 솔루션 서비스를 처음으로 시도해보려고 하는데 ○○님이 해볼래요?

- 창의적인 A 팀원 : 네? 아, 네. 알겠습니다. (오히려 좋아!)
- 규칙적인 B 팀원 : 어…. 네. (2개월 후) 팀장님, 저는 이 업무 도저히 못 할 것 같아요. 너무 힘들어요.

[사례 2] 규칙적이고 꼼꼼한 업무

팀장 : 고객 분석 리포트를 매주 작성해주세요. 1년 동안 꾸준하게 꼼꼼히 하셔야 하는 업무입니다.

- 규칙적인 B 팀원 : 네, 알겠습니다. (오히려 좋아!)
- 창의적인 A 팀원 : 어…. 네. (2개월 후) 팀장님, 저는 이 업무 도저히 못 할 것 같아요. 너무 힘들어요.

우리가 쓸 수 있는 팀원의 에너지는 한정되어 있으므로 팀원의 성향을 아는 건 중요합니다. 평균 10의 에너지가 필요한 업무가 생겼다고 해볼게요. 이 업무를 수행하는 데 A 팀원은 5의 에너지가, B 팀원은 30의 에너지가 필요하다면 팀장은 누구에게 업무를 줘야 할까요? 당연히 A에게 맡기는 것이 현명하겠죠.

B에게 주는 것은 너무 비싼 비용을 치르는 셈이니까요.

원온원을 통해 팀원이 어떤 업무를 좀 더 쉽게 하는지, 유난히 어려워하는 영역은 무엇인지 탐색할 수 있습니다. 겉으로 보이는 게 다가 아닐 수 있거든요. 항상 시원시원하게 잘 처리하길래 업무가 잘 맞는 줄 알았는데 뒤에서 몇 배로 고군분투하며 힘들어하는 경우도 많습니다. 전혀 안 맞는 업무인데 내색하지 않았을 뿐이었던 거죠. 반대의 상황도 있습니다. 잘 안 맞을 거라고 지레짐작했는데, "해야 되면 하죠, 뭐. 저는 괜찮은데요."라며 수월하게 해내는 경우도 있습니다.

물론 원하는 일만 시킬 수는 없지만, 기왕이면 플러스가 되는 쪽을 선택하면 좋지 않을까요? 《아주 작은 습관의 힘》(제임스 클리어, 비즈니스북스)에서 저자가 한 조언이 있습니다. 끓는 물에 들어가면 딱딱한 감자는 물렁해지고, 물컹한 달걀은 단단해지는 특성이 있습니다. 우리 팀원이 감자일지 달걀일지 정할 수는 없지만 유리한 영역은 선택할 수 있습니다. 끓는 물에 들어갔을 때 물렁해지는 게 유리한 업무는 감자인 팀원에게, 단단해지는 게 유리한 업무는 달걀인 팀원에게 맡겨봅시다.

"지금 하는 업무를 계속 맡고 싶으신가요?"

"일할 때 유난히 힘들게 느껴지는 영역은 무엇인가요?"

"○○ 프로젝트에서 가장 좋았던 점은 무엇인가요?"

"언젠가 꼭 해보고 싶은 업무가 있나요?"

④ 팀원의 개인적 상황과 고민 나누기

꾸준한 원온원을 통해 팀원의 업무 성향을 충분히 알게 되면 더는 물어보지 않아도 될까요? 그렇지 않습니다. 성향은 그대로라도 상황이 달라질 수 있거든요. 예를 들어, 에너지 넘치고 새로운 도전을 즐기는 팀원이라도 이제 막 아이가 태어나서 정신이 없는 상황이라면 예전에는 질색했던 단조로운 업무를 오히려 선호할 수 있습니다. 또는, 안정적인 상태를 선호하는 팀원이라도 업계에 기술적으로 큰 변화가 있다던가, 원하는 커리어를 위해 반드시 경험해야 하는 업무가 있다면 변화무쌍한 TFT에 가장 먼저 들어가고 싶어 할 수 있습니다.

팀원의 상태가 이랬다저랬다 바뀐다면 팀장은 도대체 어떻게 하란 건지 혼란스러울 수 있습니다. 해결책은 간단합니다. '물어보면 된다'입니다. 하지만 탕비실에서 커피 마시면서 스몰 토크로 나누기는 힘든 대화죠. 원온원이 필요한 이유입니다.

"○○님, 사생활을 꼬치꼬치 물으려는 건 아니고요. 혹시 ○○님이 일하실 때 제가 배려하거나 고려해줬으면 하는 게 있다면 말씀해주세요. 예를 들어, 대학원을 다니고 있어서 특정 요일은 퇴근이 늦어지면 안 된다든지, 가족 중에 특별한 상황이 있다든지 하는 것들이요. 아니면 함께 일하는 사람과 어려움이 있다면 그것 역시 말씀해주셔도 좋습니다."

도우려는 의도임을 강조하면 분위기가 부드러워집니다. 팀원이 여전히 망설이는 기색이면 예전에 속 이야기를 털어놨다가 낭패를 본 경험 때문일 수 있습니다. 그렇다면 다그치지 말고 유연한 태도로 기다려주세요. 속마음 털어놓기에 과도한 의미를 부여하면 오히려 역효과가 납니다.

"지금은 특별한 일이 없으시다니 다행이네요. 나중에라도 혹시 상의하고 싶은 일이 생기면 꼭 저에게 의논해주세요. 들은 이야기는 누구에게도 이야기하지 않을 거예요. 만약 저 혼자서는 해결할 수 없어서 다른 사람의 협조가 필요한 경우라면 반드시 사전에 ○○님께 물어본 후 진행하겠습니다."

만약 팀장도 팀원과의 원온원 때 자신의 이야기를 하고 싶다면 어떻게 해야 할까요? 팀장 역시 가정 문제 등 어려운 상황이 생길 수 있고, 팀원과 상의하고 싶은 업무상 고민이 있을 수도 있습니다. 그럴 땐 팀장도 본인의 이야기를 진솔하게 나누면 됩니다. 리더가 취약성을 솔직하게 내보이면 오히려 신뢰가 커지고 팀워크가 견고해진다는 연구 결과도 많습니다.

하지만 이런 경우라도, 팀장 본인의 이야기는 전체 대화 시간 중 20%를 넘지 않도록 주의해주세요. 팀장은 언제든지 깊은 대화를 나누자고 제안할 수 있지만, 팀원은 정해진 원온원 외에 따로 시간을 요청하려면 큰 용기가 필요하니까요.

요약 _____

- 피드백의 가장 중요한 본질은 서로의 생각을 맞춰가는 것이다. 상대방의 마음을 지레짐작하는 대신 직접 만나서 정확한 이정표와 장애물을 확인하고 조율을 하는 시간이다.

- 원온원의 주요 규칙은 두 가지이다. 첫째, 정기적으로 1시간가량의 만남을 갖는다(주 1회~월 1회). 둘째, 팀원이 대화의 중심이 되도록 한다.

- 무슨 말을 할지 막막하다면 ① 좋았던 점 ② 더 잘할 수 있는 전략 ③ 몰입하는 업무 분야 ④ 최근의 상황과 고민 등을 이야기하면 된다. 익숙해지면 자신만의 방식으로 바꿔보자.

_____ Q. _____

"우리 팀원들은
팀장과 깊이 상의할 수 있는
'자기 차례' 시간이 있나?"

팀원의 고민을 한 단계씩
구체적으로 해결하는 방법

CSF(핵심 성공 요인)

왜 아무리 설명해도
팀원의 행동이 달라지지 않을까?

최근 W 팀장의 고민은 팀원들이 업무 데드라인을 맞추지 못하는 문제입니다. 팀원들을 타이르기도 하고, 화를 내며 다그쳐도 봤지만 소용없었습니다. 팀원들과 일대일로 만나서 클라이언트에게 얼마나 부정적 영향을 끼칠 수 있는지, 데드라인을 지키는 게 얼마나 중요한지 차분하게 설명했습니다. 또다시 늦는다면 불이익을 각오하라고 강한 어조로 엄포도 놓았고요. 그때마다 팀원들은 다시는 늦지 않겠노라고 약속했지만, 상황은 달라지지 않았습니다. 팀장은 자신의 권위가 무시당한다는 생각에 괴롭습니다. 스트레스로 편두통이 생길 지경입니다.

괴로워하는 W 팀장에게 저는 중요한 사실 하나를 알려 드리고 싶어요. 지금 팀원들은 팀장 말을 무시하거나 반항하는 게 아닐 수 있다는 겁니다. 그들 역시 데드라인이 중요하단 걸 잘 알고 있기 때문에 제대로 못 맞추는 본인들을 자책하며 괴로워하고 있을 가능성이 큽니다. (업무 태도가 문제인 경우도 있지만, 그건 뒤에서 따로 다루겠습니다.)

본인들도 문제를 명백하게 알고 있다면 도대체 왜 뻔한 잘못을 고치지 않고 반복하는 걸까요? 그건 바로 많은 팀원들이 '무엇'을 해야 하는지는 알지만 '어떻게'를 모르기 때문입니다. 즉, 아는데 안 되는 상황입니다. 어떻게 그럴 수 있냐고 생각하실 수 있지만, 비슷한 상황인 살 빼기, 운동하기, 휴대전화 덜 보기 등을 떠올리시면 금세 납득이 가실 겁니다.

팀원 문제를 해결할
'핵심 요인'을 찾아보자

몰라서 못 하는 게 아니라 알지만 안 되는 경우라면 질책과 격려만으로는 문제를 해결할 수 없습니다. 구체적인 해결책을 찾아야 원하는 변화를 가져올 수 있습니다. CSF^{Critical Success Factor}(핵심 성공 요인)라는 용어를 들어보신 적 있나요? 맥킨지의 로널드 대니얼^{D. Ronald Daniel}에 의해 개발된 후 지금까지 활발하게 사용해온

개념인데, 성과 목표에 도달하는 데 필요한 여러 성공 요인 중에서 결정적인 영향을 미치는, 즉 핵심 요인을 의미합니다.

팀장은 팀원의 성과를 달성하는 데 필요한 혹은 문제가 되는 요인들을 찾은 후 그중 가장 핵심적인 요인을 추려 성과 관리에 활용할 수 있습니다. 핵심 실패 요인을 다른 각도에서 보면, 해결되는 순간 고민이 풀리는 핵심 성공 요인이니까요. 여기서는 매번 데드라인에 늦는다는 핵심 실패 요인을 갖고 있는 팀원의 문제를 CSF 즉 '핵심 성공 요인' 방식으로 해결하는 과정을 예로 들어보겠습니다.

도대체 왜들 그렇게 데드라인을 맞추지 못했던 걸까요? 알고 보니 A 팀원은 업무를 일정에 맞춰 추진하는 시간 관리가 서투른 사람이었습니다. 6시간 걸릴 일을 2시간이면 된다고 초긍정적으로 생각하거나, 다른 사람이 뭔가 급하다고 요청하면 차마 거절하지 못해서 전체 일정을 꼬이게 만드는 유형입니다. B 팀원의 이유는 달랐습니다. 담당 업무에 꼭 필요한 프로그래밍이 아직 익숙하지 않아서 속도가 느렸던 겁니다. 그 사실을 말하기 부끄러워서 일단 어떻게든 고군분투하지만 다른 팀원의 속도를 따라가지 못해서 뒤처질 수밖에 없었습니다.

이게 바로 두 팀원의 핵심 실패 요인입니다. 그동안 팀장의 질책과 격려가 먹히지 않았던 이유를 아시겠지요? 아는데 못하는 상황이었으니까요. 이제 원인을 알았으니 앞으로는 술술 풀릴까요? 아닙니다. '이게 나의 문제 원인이다'라고 아는 것만으로는 변화가 일어나지 않습니다. 문제를 깨닫고 굳게 결심한다고 해서 저절로 시간 관리를 잘하게 되지도, 프로그래밍이 능숙해지지도 않습니다.

팀장과 팀원이 함께 머리를 맞대고 구체적인 해결책을 고민해봅시다. 이때의 핵심 성공 요인 즉 CSF는 '능숙한 일정 매니징'과 '부서 프로그래밍의 빠른 습득'입니다. 팀장과 팀원은 각각 두 개의 방법을 찾아냈습니다.

데드라인을 못 지키는 A	데드라인을 못 지키는 B
일정에 맞춰 업무를 처리하는 매니징에 서투름	업무에 필요한 프로그래밍이 익숙하지 않아 속도가 느림
CSF 능숙한 일정 매니징	CSF 업무 프로그래밍의 빠른 습득

A 팀원의 CSF : 능숙한 일정 매니징

- Solution ① 전체 과정을 5개로 쪼개서 타임라인 짜기
- Solution ② 일정 매니징을 도와주는 툴을 정해서 리더와 진행상황 공유하기(팀 상황판 활용)

B 팀원의 CSF : 부서 프로그래밍의 빠른 습득

- Solution ① 빠르게 속도를 올릴 수 있는 노하우를 일주일 간 집중 교육(교육자 : 라파엘님)
- Solution ② 해당 언어의 실력을 키울 수 있는 교육 받기(퇴 근 후 주 2회, 6개월)

드디어 데드라인에 왜 또 늦었냐는 도돌이표 대화 대신에 구체적인 솔루션에 집중할 수 있게 되었습니다. 팀원은 물론 팀장의 스트레스도 확실히 줄어들겠지요.

업무를 어떻게 할지 모르겠다고 호소하는 팀원이라면

범위를 좁혀서 가장 중요한 CSF에 집중하는 방식은 팀원 업무의 효율성을 높이는 데도 유용합니다. 업무 성과가 낮은 팀원 때문에 고민하는 팀장이 구체적으로 어떻게 CSF를 찾아 고민을 풀어가는지 보여 드릴게요.

"우리 팀에서 이번에 새롭게 맡게 된 업무는 유망하고 혁신적인 스타트업을 찾아 제휴 또는 M&A를 하는 일입니다. 이 중 R이라는 팀원은 **혁신 스타트업의 후보군을 찾는 일**을 맡고 있는데요. 어휴, **속도가 너무 느립니다.** 적어도 일주일에 2개는 찾아야 하는데, 1개도 간신히 찾아내는 수준이에요. 어떻게 하면 R 팀원이 성과를 내도록 코칭할 수 있을까요?"

팀장은 R 팀원을 불러 차분하게 이야기해보기로 합니다. 회의실에서 이 문제를 꺼내자마자 R 팀원은 얼굴이 창백해지더니 그동안의 스트레스와 고민을 와르르 털어놓습니다.

"제가 그동안 스타트업 분야와 교류가 전혀 없었잖아요. 도대체 괜찮은 스타트업을 어디서 찾아야 하는지 모르겠어요. 인터넷에 '탁월한 스타트업' 이렇게 검색해서 찾을 수 있는 건 아니잖아요. 그리고 그 스타트업이 정말 괜찮은지 파악하는 과정도 오래 걸려요. 어떤 기준으로 판단해야 할지도 도무지 모르겠어요. 제 눈에는 비슷한 것 같은데 어느 때는 팀장님이 잘했다고 하시고, 어느 때는 아니라고 하시니까요. 게다가 보고서 작성만 해도 그래요. 일주일에 꼬박 이틀은 걸립니다."

팀장이 처음 느낄 감정은 아마 거부감일 겁니다. 팀원이 불평불만만 늘어놓고 있을 뿐 아니라 이래서 안 된다, 저래서 어렵다 같은 부정적인 말만 잔뜩 하고 있으니까요. 많은 팀장들이 팀원이 어려움을 호소할 때 감정적으로 반응합니다. '처음부터 잘하는 사람이 어딨느냐'로 시작하다가도 '○○님은 그동안 무슨 노력을 얼마나 했냐'며 조목조목 따지기 일쑤죠. 몇 번 건의하던 팀원은 이내 불만스럽게 입을 꾹 닫고, 아무런 소득도 없이 대화는 종료됩니다.

팀원의 불만을 소나기 맞듯이 묵묵히 들어주기만 하는 팀장도 있습니다. 그러고 나서 특별한 말이 없이 회의를 종료하거나 "조금만 더 힘내주세요. 저는 R님이 잘 해내실 거라고 믿습니다." 같은 격려성 멘트를 전합니다. 글쎄요, 제가 팀원이라면 괜히 시간만 낭비했다고 느낄 것 같습니다. 묵묵히 잘 들어주기만 해도 상대방이 답을 스스로 찾을 수 있다는 믿음은 가정 상담소에서나 통하는 해법이 아닐까요.

팀장이라면 팀원과 함께 진흙탕에 같이 발을 담그고 헤쳐 나갈 방법을 찾아야 합니다. 첫째, 팀원의 고민을 덩어리별로 정리하고, 둘째, 각 문제들의 CSF를 찾아내는 방식으로 말이죠. 다음은 팀원의 고민을 그림으로 정리한 것입니다. 총 세 가지가 있군요.

팀원이 스타트업 발굴 업무를 힘들어하는 이유

어디서
찾아야 하나?

무슨 기준으로
판단하나?

부담스러운
보고서는
어떻게?

팀장 : 자, 하나씩 해결해볼까요? 괜찮은 스타트업이 어디에 있는지 모르겠다는 게 고민인데…. 아무래도 우리 팀이 보유한 **스타트업 데이터베이스나 관련 인맥이 부족한 게 가장 큰 문제**인 것 같아요. 혹시 유망한 스타트업을 정기적으로 소개하는 전문 잡지나 온라인 DB가 있지 않을까요? 예를 들어, '○○년도 유망 스타트업 100'처럼 말이죠. 매년 '포춘 500' 리스트가 발표되는 것처럼 분명히 조사기관이 있을 것 같은데요.

팀원 : 있을 것 같기는 해요. 하지만 유료일 텐데요.

팀장 : 양질의 후보군을 가장 빠르게 추릴 수 있을 테니 비용을 쓸 가치가 있다고 봐요. 그나저나 인맥 문제는 어떻게 하죠?

팀원 : 음…. 스타트업 관계자들이 모이는 커뮤니티가 있대요. 제가 그곳 사람들과 친해지면 도움이 되지 않을까요?

팀장 : 좋습니다. 말씀하신 커뮤니티 중에서 내실 있고 활발하게 활동하는 곳을 찾아봐주세요. 그리고 모임에 들어가려면 어떻게 해야 하는지도요.

팀원 : 네, 알겠습니다.

[목표] 유망 스타트업 발굴 횟수 증가(주1회 → 주2회)

- 고민 : 괜찮은 스타트업이 어디에 있는지 모르겠다.

- CSF : 스타트업 데이터베이스와 업계 인맥의 빠른 구축

  - Solution ① 유망 스타트업 추천 리스트 유료 DB 구매

Part III. 팀원과 함께 일한다는 것

- Solution ② 스타트업 관계자 모임 가입 및 활동 (오프라인 미팅이
  이어지는 유료 세미나부터 공략)

이런 방식으로 두 번째, 세 번째 문제도 하나씩 살펴봅니다. 예를 들어, 후보 스타트업 판단 기준이 헷갈린다면 자체적으로 사전 평가표를 만드는 방식을 생각할 수 있습니다. 처음 시작이 막막하다면 외부의 벤처투자 전문가를 초청해서 몇 시간 동안 과외를 받은 후 팀장과 팀원이 머리를 맞대고 자체 평가표를 완성하면 됩니다. 또한, 보고서 만드는 데 시간이 너무 오래 걸린다면 1페이지로 간결하게 정리한 양식으로 바꾸면 어떨까요. 이후 1차 관문을 통과한 스타트업에 대한 보고서를 작성할 때만 기존대로 상세하게 보고하는 방식으로 바꾸는 거죠.

어떠신가요. 만약 팀장이 이렇게 피드백해준다면 팀원의 얼굴이 한결 밝아져서 돌아가지 않을까요? 팀장으로 일하다 보면 팀원의 문제를 고쳐야 할 때도, 팀원의 업무 고민을 해결해야 할 때도 있습니다. 원하는 변화를 만들어내는 팀장은 팀원이 문제에서 어떻게 빠져나와 원하는 곳으로 갈 수 있는지 그 방법을 함께 찾아냅니다. 구체적이고 확실하게, 즉 CSF를 찾아서 말이지요.

요약 _____

- 팀원은 자신의 문제 행동을 알고도 고치지 못하는 경우가 꽤 많다. 다시 말해, 알지만 안 되는 경우이다.

- 문제 행동의 이유를 찾아서 CSF(핵심 성공 요인)를 설정한 후 구체적인 해결책을 찾아가자. 예를 들어, 일정 관리에 서툴러서 매번 늦는다면 '일정 관리 잘하는 법'에 초점을 맞춘다.

- 팀원이 낮은 성과를 보이거나 맡은 업무를 힘들어하는 경우에도 CSF는 유용하다. 고민을 덩어리로 나눈 후 하나씩 CSF를 찾아 해결해나간다. 이때 팀장은 심판이 아니라 한 배를 탄 동료다.

———————————— **Q.** ————————————

"나는 팀원과 함께 진흙탕에 **같이** 발을 담그고
앞으로 **나갈 방법을 구체적**으로 찾고 있는가?"

기출 사례와 오답 노트로
팀원 실력을 키워주는 방법

지난 업무를 돌아보며
성장하는 방식, AAR

하버드 경영대학원은 전 세계의 다양한 비즈니스 사례를 교재 삼아 치열하게 토론하고 배워나가는 걸로 유명합니다. 가상의 사례가 아니라 실제로 현실에 일어났던 생생한 문제들을 책상 위에 올려놓고 배웁니다. 수업을 마치고 비즈니스 현장에 돌아 갔을 때 바로 적용할 수 있도록 말이죠.

팀원의 업무 실력을 키우고 성과를 높이기 위한 최고의 교재 는 무엇일까요? 바로 팀원이 최근에 실제로 수행했던 업무입니 다. 팀원이 부담스러워할 수는 있지만, 팀장의 맞춤형 과외를 받는 기회라서 무엇보다 도움이 됩니다. 팀장 입장에서도 코칭 결과가 바로 팀 성과로 이어지기 때문에 노력한 보람이 있고요.

팀원의 업무를 돌아보며 학습하는 방식으로 AAR^{After Action} ^{Review}이 있습니다. 미 육군에서 사용하던 방식인데 효과가 입소문이 나면서 비즈니스 분야에서도 오래전부터 활용되고 있습니다. 직관적이고 적용하기 쉬워서 깊이 있는 업무 피드백을 어려워하는 팀장이라면 AAR부터 시작해보시길 권합니다. 특히 평소처럼 원온원을 진행하다가, 중요한 프로젝트가 끝나거나 분기별로 지난 분기 성과를 체크해야 할 때 활용하시면 좋습니다.

AAR의 주요 질문은 네 가지입니다.

1. 기대 : 우리가 얻고자 한 것은 무엇인가?

2. 결과 : 실제로 얻은 것은 무엇인가?

3. 원인 분석 : 왜 그런 차이가 발생했는가?

4. 배움 : 앞으로 해야 할 것은 무엇인가? 또한, 하지 말아야 할 것은 무엇인가?

매우 직관적이고 간단하지 않나요? 하지만, 팀원과의 피드백 미팅에서 AAR을 제대로 하려면 두 가지 전제 조건이 필요합니다. 첫째, 잘못을 추궁하거나 평가하겠다는 마음가짐으로 하면 안 된다는 겁니다. 글로벌 기업인 메타가 괜히 피드백이라는 용어를 버리고 관점이라는 단어로 바꾼 게 아니거든요. 조금만 방심해도 비판이나 비난으로 흐르는 게 우리의 습성입니다. 둘째, 평가 시간이 아니라 학습 시간이라는 마음으로 임합니다. 팀원의 생생한 케이스 스터디를 통해 다음번에 더 잘할 방법을 찾아내는 게 목적이니까요.

실제로 팀원과 AAR을 처음 하려면 막막할 수 있으니 다른 사람이 하는 모습을 예시로 보여 드릴게요. 앞에서 소개했던 '달콤한 일상'의 마케팅팀을 기억하시나요? 팀장과 팀원 서윤의 AAR이 어떻게 진행되는지 보시죠.

큰 프로젝트를 끝낸 팀원과 AAR을 진행해보자

'달콤한 일상' 마케팅팀의 서윤은 회사의 신규 사업인 스프레드 제품을 잘 홍보하기 위해서 한 달 동안 '스프레드 & 브레드' 콘셉트 매장을 열었습니다. 행사가 끝나고 일주일쯤 지났을 때, 팀장과 서윤 팀원의 원온원 시간이 돌아왔습니다.

팀장 : 서윤 님, 컨디션은 좀 어때요? 한 달 동안 콘셉트 매장 운영하느라 정말 정신없었죠? 저도 반쯤 넋이 나갔던 것 같아요. 이제야 조금씩 정신이 드는 중입니다.

서윤 : 맞아요. 팀장님도 정말 고생 많으셨어요. 저는 이틀 꼬박 쉬었더니 이제 좀 나아졌어요.

팀장 : 처음 해보는 시도였는데 정말 대단했어요. (무엇이 좋았는지 한참 이야기한다.) 이제 큰 프로젝트가 끝났으니 AAR을 해볼 차례네요. 기대됩니다. 이미 서윤 님도 아시는 것처럼 네 가지 질문이 있죠. 하나씩 해볼까요? **첫 번째, '우리가 얻고자 한 것은 무엇인가?'**입니다. 음…. 뭐였죠? (웃음)

서윤 : 총 방문객 5,000명이 목표였고요. SNS에 2,000건 이상 게시가 되게 하는 거였어요.

팀장 : 맞아요, 그랬죠. 그러면 **두 번째 질문인 '실제로 얻은 것은 무엇인가?'**는 어땠는지 말씀해주세요.

서윤 : 총 방문객은 4,000명이었어요. 예상보다 방문객은 적었죠. 하지만 SNS 게시는 오히려 더 좋았어요. 3,000건이 넘게 올라왔거든요.

팀장 : 솔직히 저는 이번 프로젝트 결과에 너무 만족합니다. 하지만 지금은 평가 시간이 아니라 학습하는 시간이니까요. 이제는 **세 번째 질문인 '왜 그런 차이가 발생했는가'**를 할 차례네요. 먼저 서윤 님의 생각을 듣고 싶어요.

서윤 : 방문객이 예상보다 적었던 문제는 고객의 매장 이용 시간을 잘못 계산해서 그런 것 같아요. 평일에 직장인은 점심시간이나 퇴근 후에만 올 수 있다 보니 특정 시간대에 몰리더라고요. 왔다가 그냥 간 분들도 꽤 돼요.

팀장 : 그랬군요. 너무 아쉽네요. 그런데 직장인 점심시간은 우리가 앞으로도 어떻게 해볼 수 없는 외부 요인이잖아요. **AAR은**

외부가 아니라 내부에서 원인을 찾아야 의미가 있어요.

서윤 : 음, 제가 제대로 타깃 고객 행동을 예측하지 못했다?

팀장 : 아이고, 아니요. **자아비판을 하라는 게 아니고요.** 제 생각에는 '물리적(거리, 시간) 거리가 있는 대상자는 참여할 기회가 부족했다'라고 짚을 수 있을 것 같아요. 이건 서윤 님이 좀 더 생각해보시는 거로 하고요. SNS 게시로 넘어가볼까요?

서윤 : SNS 쪽은 저도 예상 못 했는데요. 저희가 진행한 챌린지가 의외로 뜨거운 반응을 일으킨 것 같아요. 판판한 빵을 네 면으로 나눠서 네 개의 추천 스프레드를 바르게 했잖아요. 빵 하나에 색색의 스프레드가 발려 있는 게 예쁘기도 하고, 완성되면 보석 설탕을 가운데 올려줬던 게 큰 호응을 얻었어요.

팀장 : 그 아이디어 진짜 좋았어요. 저도 하나 받는 데 성공해서 인스타랑 카톡 프사에 올렸잖아요.

서윤 : 네, 맞아요. 다들 재미있어 하시더라고요.

팀장 : 기억이 새록새록 나네요. 그러면 이제 **네 번째 항목인 '앞으로 해야 할 것과 하지 말아야 할 것이 무엇인가?'**를 살펴볼 차례네요. 방문객 관련해서는 어떤 게 있을까요?

서윤 : 앞으로 너무 야심만만하게 계획을 세우지 않는다?

팀장 : 하하하!

서윤 : 글쎄요, 뭐가 있을까요? 방문 시간을 분산시켜야 하는 문제가 있는데 말이죠. 예약제를 할 수도 없고….

팀장 : 혹시 매장에 직접 오지 않아도 되는 방법은 없을까요?

가령, 온라인으로 참여할 수도 있는 거잖아요. 우리가 집으로 소분한 빵과 스프레드를 보내서요.

서윤 : 그래서 동시에 먹을까요? 라이브 방송 켜서.

팀장 : 좋은 의견이에요! 그러면 이렇게 정리할 수 있겠네요. '온라인으로도 매장에 방문한 느낌이 날 수 있도록 체험 키트를 준비한다'고요. 그러면 SNS의 성공적인 게시 횟수에 대해서는 어떤가요?

서윤 : 이건 저도 배운 바가 커요. 지금까지는 SNS에 올리면 혜택을 주는 방식을 썼는데 호응을 유도하기가 너무 힘들었거든요. 저절로 공유하고 싶어지는 재미 요소를 넣었더니 오히려 반응이 기대 이상이었어요.

팀장 : SNS 공유를 독려하기 위해서는 '남에게 자랑하고 싶다'가 중요한 요소인 셈이네요. 좋습니다. 프로젝트 AAR 정리하실 때 지금 이야기를 꼭 넣어주세요. 다음번 팀 회의에 10분 정도 발표해줄 수 있을까요? 다른 팀원들도 배우면 좋을 것 같아서요.

서윤 : 네, 그럴게요.

팀원이 진행한 업무야말로
가장 좋은 학습 교재

팀장과 서윤은 '우리는 무엇을 배웠나'에 초점을 맞춘 대화를 나눴습니다. 눈치채신 분도 있겠지만 팀장은 대화가 외부 탓이나 부정적 평가 쪽으로 흘러가려고 할 때마다 미묘하게 제자리로 돌려놨습니다.

그리고 AAR의 네 가지 항목을 순서대로 짚어 간 이유는 다음 질문이 무엇일지 정해져 있으면 팀장과 팀원 모두 편안하게 대화할 수 있기 때문이었습니다. 이건 정답은 아니니 각자 맞는 방식을 선택하시면 됩니다.

분기별로 팀원의 성과를 함께 돌아보는 원온원 때도 앞의 대화와 비슷한 방식으로 진행하시면 됩니다. 이때, 진행한 업무 중 대표적인 것 한두 개를 골라서 집중적으로 리뷰하면 학습 효과가 더 좋을 겁니다.

처음에는 팀원의 반응이 미적지근하거나 방어적으로 나올 수 있어요. 하지만 팀장이 평가나 독촉, 자아비판 대신에 '우리는 무엇을 배웠나'라는 방향성을 뚜렷하게 유지한다면, 반드시 팀원의 태도도 바뀔 겁니다. 팀장의 과외 덕분에 분기마다 자신의 실력이 올라간다는 느낌이 들 테니까요. 결과적으로 팀 전체 실적이 좋아지는 건 물론이고요.

- 팀원이 실제로 진행했던 업무야말로 가장 좋은 학습 교재이다.

- AAR^{After Action Review}은 '① 최초 기대 ② 실제 결과 ③ 차이 원인 ④ 배움'으로 지난 업무를 점검하는 방식이다.

- 대화가 비난이나 비판으로 흐르지 않도록 정신을 바짝 차리고 '우리는 무엇을 배웠나'에 초점을 맞추자. 개인 과외를 받은 팀원 뿐 아니라 팀 전체의 실력이 올라간다.

_____ Q. _____

"**팀원의 업무**가 일단락되었다. 나와 팀원은 **무엇을 배웠는가?**"

Chapter 7

고객님, 동기 부여는
유료 상품입니다

이곳에서의 시간은
팀원에게 의미가 있는가

잡 크래프팅(Job Crafting)

왜 저 팀장의 팀원들은
얼굴이 반짝반짝할까?

팀장이 되면 그전에는 관심도 없었던 다른 부서 팀원들의 표정이 눈에 들어옵니다. 왠지 활기차 보이고, 적극적으로 의견을 내고, 따로 공부해서라도 어떻게든 결과물을 잘 내려고 노력하는 모습을 보면 부러움에 배가 아플 지경입니다. 회의 때마다 뚱한 표정을 짓고 있는 팀원들, 최소한의 노력으로 결과물을 얼른 넘기고 싶어 하는 자신의 팀원들과 비교가 되기도 합니다.

자기 스스로 동기를 부여하는 팀원은 모든 팀장의 꿈입니다. 팀원이 모든 일에 의욕적으로 임하고, 자기 일을 알아서 잘한다면 얼마나 좋을까요. 언제든 급하면 도움을 요청할 수 있고, 다른 팀원들까지 독려해준다면 금상첨화겠지요.

음…. 꿈은 아마 이뤄지기 힘들 겁니다. 물론 행운을 타고 난 팀장이 아주 드물게 존재하긴 합니다. 그런데 그건 정말 그야말로 운이거든요. 팀장의 역량보다는 외부 요인 덕분이기 때문입니다. 예를 들어, 한 유명 글로벌 기업은 팀원이 업무에 대해 불평하거나 의욕이 없어 보이면 리더가 차분하게 "○○님은 이 업무를 더는 맡고 싶지 않으신 걸로 이해해도 될까요?"라고 묻는다고 하더군요.

"그렇다."고 대답하는 순간 바로 다른 사람에게 업무가 넘어간다고 합니다. 해당 업무를 호시탐탐 노리는 사람들이 많아서 경쟁이 치열하대요. 저는 이 얘길 들었을 때 도무지 믿기지가 않아서 "진짜 그런 일이 실제로 있어요?"라고 되물었습니다. 이처럼 누가 봐도 부러움을 사는 기업의 인기 업무를 담당하는 팀장이라면 굳이 팀원들을 동기 부여할 필요가 없겠지요.

다른 형태의 행운도 있습니다. 시장에서 빠르게 성장하고 있고, 견고하게 자리를 잡아가는 기업은 구성원 대부분이 이미 충분히 동기 부여가 되어 있습니다. 그 조직에 몸담기만 해도 앞으로 커리어가 계속 잘 될 거라는 믿음이 있으니까요. 그런 곳에서 강의를 하면 다들 활력이 넘치는 게 느껴져요.

이 두 가지 유형은 1% 남짓한 경우입니다. 팀장이 되었더니 사은품처럼 동기 부여가 된 팀원이 딸려 온 상황인 거죠. 행운은 드물고 현실은 냉혹합니다. 리더 경험이 쌓일수록 직면하는 현실은 무엇인지 아시나요? 팀원의 동기 부여야말로 비싼 유료 상품이라는 겁니다. 심지어 할인해주지도 않아요.

팀원 눈을 휘둥그레 만드는 인센티브도, 정신 바짝 들게 하는 페널티도 없는 가난한 팀장에게는 동기 부여가 막막한 산맥입니다. 하지만 너무 걱정할 필요는 없습니다. 좀 더 나은 방향으로 이끄는 건 얼마든지 가능하니까요. 팀원들이 일하는 순간을 좀 더 의미 있게 만들면 되거든요.

팀원의 동기 부여 버튼 ①
: 나는 이곳에 도움이 되는가?

잡 크래프팅Job Crafting은 일의 의미를 찾고 스스로 업무에서 가치를 만들어내는 걸 일컫는 용어인데 최근 몇 년간 부각되었습니다. 잡 크래프팅은 ① 업무 외 다른 영역으로 확장하는 **과업 가공**Task Crafting, ② 일의 의미를 재해석하는 **인지 가공**Cognitive Crafting, ③ 직장 동료와의 관계를 즐거움으로 재해석하는 **관계 가공**Relational Crafting, 이렇게 세 가지에 주목합니다.

예를 들어, 뻔하고 지루한 업무로 의욕이 사라진 시스템 엔지니어가 있다고 해볼게요. 모종의 깨달음을 계기로, 그는 일에서 보람과 의미를 찾는 삶을 추구하기로 결심했습니다. 먼저 업무 영역을 확장해보았습니다. 재능을 살려서 어려운 IT 용어 때문에 고생하는 타 부서 담당자를 위한 세미나를 분기마다 개최했습니다. 세미나를 짧은 영상으로 쪼개어 SNS에 게시했더니 팬들이 생겨나기 시작했어요(과업 가공).

업무를 바라보는 관점도 바꾸었습니다. 기존에는 본인의 업무를 그저 클라이언트의 까다로운 요구에 맞추는 일로 여겼습니다. 하지만 자신이야말로 고객사가 사업을 견고하게 이어갈 수 있도록 도와주는 사람이라는 생각이 들었습니다. 고객사의 비효율적인 업무 처리 방식을 바꾸어 주었으니까요(인지 가공). 또한, 회사 사람들과 곧잘 선을 긋던 습관을 넘어서 마음에 맞는 사람들을 찾아 사내 체스팀을 결성해보기로 합니다(관계 가공).

제가 잡 크래프팅 개념을 처음 접했을 때 든 생각은 우리는 언제나 존재의 이유를 진심으로 발견하고 싶어 한다는 것이었습니다. 하루 대부분의 시간을 보내는 회사에서 자신이 투자하는 재능과 에너지가 의미 없이 흩어지지 않기를 바라는 간절함이 느껴지지 않으신가요.

팀원의 이런 간절한 마음을 알아주는 것, 팀장의 동기 부여는 여기서부터 시작하면 됩니다. '○○님의 업무는 팀장에게, 우리 팀에, 회사에, 고객에게 도움이 됩니다'라는 메시지를 명확하게 전달해주세요. 팀원의 마음 한구석은 환해지고 왠지 모르게 뜨거워질 겁니다. 팀원에게 이런 메시지를 어떻게 효과적으로 전달할 수 있을까요? 저는 다음의 두 가지 방법부터 시작할 것을 추천합니다.

첫째, 일을 지시할 때 그 일의 의미를 설명한다

"스프레드 시장의 규모와 성장 가능성을 조사해주세요."

vs.

"우리 회사가 이제 과일 잼으로는 한계가 있어서 새로운 시장을 개척하려고 고민 중이에요. ○○님이 스프레드 시장 규모와 성장 가능성을 조사해줬으면 좋겠어요. **회사의 다음 먹거리가 될 사업 후보군**이니까 최선을 다해주세요."

"사업장용 안전모 수요를 파악해서 구매한 후 나눠주세요. 다음 주 수요일까지는 끝내줘야 합니다."

vs.

"지난번에 J 사에서 큰 사고가 났었는데 남 일 같지 않더라고요. 그래서 이번에 낡은 안전모를 전부 바꾸려고 합니다. 공장장님이 그러시던데 **안전모만 튼튼해도 사망률이 15% 낮아**진대요. 수요 파악해서 다음 주 수요일까지 배포해주세요. 우리 직원의 안전과 직결된 중요한 건이니 ○○님이 특별히 신경 써주세요."

전자와 후자, 어느 쪽이 더 의욕을 일으키는지는 말하지 않아도 아시겠죠. 팀원에게 업무를 지시할 때 왜 이 일을 하는가, 이 일은 누구에게 어떤 영향을 끼치는가와 같은 내용을 함께 말해주세요. 물론 비품 구매, 오타 수정 같은 소소한 업무까지 그 의미를 짚을 필요는 없겠지만, 하루 이상 투자해야 하는 업무라면 설명해주는 게 좋습니다.

둘째, 생생한 진짜 후기를 전한다

팀원은 평소 업무에서 부정적인 피드백을 매우 생생하게 듣고 있습니다. 고객이 문제를 제기할 때, 다른 부서에서 항의가 들어올 때, 팀장은 담당자인 팀원에게 피드백을 즉각 전달하거나 대책 회의에 함께 참석하니까요. 클라이언트와의 미팅 때도 우르르 쏟아지는 불만과 요구사항에 노출되는 경우가 허다하죠.

반면에 '좋아요' 후기는 어디서도 듣기 힘듭니다. 팀원이 분명 잘한 일도 있을 텐데 말이죠. 갑자기 누군가 찾아와서 진지하게 칭찬해주는 경우는 매우 드뭅니다. 남이 아무도 해주지 않는다면 팀장이 앞장설 수밖에요. 원온원 미팅이나 팀 회의에서 팀원에게 '남들이 좋다더라' 하는 찐 후기를 전해주도록 합시다.

"○○님이 변경한 결제 시스템 있잖아요. 고객 서비스팀에서 연락이 왔는데 덕분에 항의 건수가 10%가량 줄었대요. 고생 많았습니다. 그 팀원들이 다들 지금 ○○님에게 고마워해요."

"○○님이 2주 동안 업무 가르쳐준 신입 있잖아요. 지난번에 저와 원온원 할 때 이야기하는데, 너무 좋았대요. 그동안 누구한테 물어볼 수도 없어서 혼자 끙끙대다가 집에서 울기도 했는데

○○님 덕분에 자신이 생겼다고 합니다. 팀장으로서 고마워요."

"여러분은 이 매뉴얼이 누구 작품인지 아시죠? ○○님이 중구난방이던 팀 업무 양식을 싹 바꿔줬습니다. 고생한 ○○님에게 박수! 쓸 때마다 마음속으로 ○○님에게 고마워하자고요."

팀원이 회사 밖의 현장으로 나가서 생생한 후기를 직접 접해보는 것도 좋은 경험이 됩니다. 예를 들어, 버섯전골 밀키트를 만드는 담당자라면 버섯을 납품받는 농장에도 가보고, 농장 주인 내외분도 직접 만나보는 식입니다. 얼마나 최선을 다해 버섯을 재배하고 있는지, 납품처로 선정돼서 얼마나 좋았는지 등의 이야기를 듣고 온다면 밀키트의 평범한 팽이버섯이 이전과 다르게 보이겠지요.

또는 설계를 담당한 직원이라면 최근 거래한 고객사의 로비에 앉아서 지나가는 사람들을 한번 지켜보게 하세요. 그리고 조곤조곤 설명해주는 거죠. 그들의 삶이 더 나아지도록 도운 거라고요. 그 팀원은, 그리고 우리 팀은.

사무실 바깥의, 모니터와 견적서 너머에 있는 진짜 고객들을 보는 건 묘한 감정을 일으킵니다. 한번씩 팀원과 함께 현장에 나가보세요. 팀원이 누구를 구하고 있는지, 그 일이 어떤 가치를 만들어내고 있는지 직접 보여주세요.

팀원의 동기 부여 버튼 ②
: 이곳은 나에게 도움이 되는가?

팀원의 동기 부여 버튼을 누르는 두 번째 요소는 '이 팀에서 일하는 시간이 나에게 도움이 되는가'입니다. 나는 소진되고 있는 중이 아니라 무언가 쌓고 있고 성장한다는 생각이 들면 동기 부여는 자연스럽게 따라옵니다. 그게 통장이든, 업무 실력이든, 경력 포트폴리오든 말이죠. 통장 상황이나 즐거움 측면이라면 팀장이 변화를 주긴 어렵겠지만, 업무 실력과 커리어 관리라면 어느 정도 긍정적인 영향을 끼칠 수 있습니다. 구체적인 내용은 다음 글에서 이어서 다루겠습니다.

- 팀원은 하루 대부분의 시간을 보내는 직장에서 자신의 재능과 에너지가 의미 있게 쓰이기를 간절히 바란다.

- 팀원은 '① 나는 이곳에 도움이 되는가, ② 이곳은 나에게 도움이 되는가'에 대한 믿음이 중요하다.

- 팀원은 자신의 업무가 어떤 가치를 가졌는지 알 기회가 거의 없다. 일을 지시할 때 의미를 설명해주고, 종료 후 생생한 후기와 효과를 전해주자. 팀원 마음 한구석이 환하게 밝아질 것이다.

_____ Q. _____

"나의 팀원은 **자신의 업무**가
팀에, 조직에, 고객에게 **도움이 되었다는**
생생한 후기를 들어본 적이 있을까?"

'저 팀에서 일하면
잘 나간대'의 비밀

팀원 커리어 관리

'그 팀 출신은 믿을 수 있지'라는
평판을 듣는 팀

일하다 보면 눈에 띄는 팀장들이 있습니다. 팀 성과가 좋기도 하지만 팀원의 변화가 뚜렷하거든요. 그 팀장과 몇 년간 함께 일한 팀원들은 눈에 띄게 업무 역량이 올라가요. 예전에는 두각을 드러내지 않던 평범한 직원이었는데, 상도 받고 중요한 프로젝트도 척척 진행해냅니다. 이전에는 다른 팀에서 딱히 눈여겨보지 않았지만, 어느새 서로 데려가고 싶어 하는 직원으로 바뀝니다.

그런 팀의 팀원들은 자연스럽게 동기 부여가 되어 있습니다. 일하는 시간 동안 소진되는 게 아니라 경력과 실력에 보탬이 되는 유익한 시간을 보내고 있다고 믿고 있으니까요. 옆에서 지켜 본 바에 따르면 팀원의 지지를 받으며 역량과 커리어를 키워주는 팀장들이 즐겨 사용하는 방법이 몇 가지 있었습니다.

첫째, 해보고 싶어 하는 업무를 무선 배정한다

팀장이 팀원에게 동기를 부여하는 가장 손쉬운 방법은 팀원이 해보고 싶어 하는 업무를 시키는 겁니다. 물론 팀원이 원하는 일만 하게 하라는 뜻은 아니에요. 팀장이 지시한 일을 팀원들이 하게 하되, 그 안에 팀원의 취향을 녹여 넣는 전략을 쓰라는 겁니다. 방법은 크게 두 가지가 있습니다.

'업무 선택제' 도입하기

팀장이 "A 업무 해볼 사람?"이라고 물었을 때 팀원들이 앞다투어 손을 드는 상황은 기대하기 어렵겠지요. 하지만 팀 업무 A~G 중에서 어떤 걸 선택할지 묻는다면 팀원들은 비교적 적극적으로 의견을 낼 겁니다.

기왕이면 원하는 업무를 하게 해야 동기 부여에 유리합니다. 그러니 연초에 팀 목표를 나눌 때나 큰 프로젝트의 업무 덩어리를 나눠야 할 때 팀원들에게 물어보세요. 팀 회의에서 물어보면 목소리 크고 반응 속도 빠른 사람이 선점할 수 있으니 나중에 팀원과 원온원 때 차분하게 물어보는 게 좋습니다.

방향이 맞다면 방식은 팀원의 선택 존중하기

비용 절감을 위해 부서별로 불필요한 재고가 생겨나지 않도록 관리하는 업무가 있다고 해보겠습니다. 팀원에게 방안을 검토해보라고 했더니 이런 아이디어를 가져왔습니다.

"팀장님, 저희가 비슷한 물품이 있는데도 자꾸 사서 낭비하는 일이 많잖아요. 1년에 한 번밖에 안 쓰는데 부서별로 하나씩 갖추고 있는 낭비도 있고요. 어디에 뭐가 있는지 모르니까 관리가 안 되는 거 아닐까요? RFID 칩을 붙여서 어떤 재고가 어디에 있는지 한 번에 알아볼 수 있게 해볼게요."

팀장은 애초에 외주로 구매 대행을 맡기는 방법을 생각했지만, 팀원의 말을 듣고서는 흔쾌히 승낙해줍니다. 만약 팀원이 업무의 목적인 비용 절감 대신 속도 개선 같은 엉뚱한 아이디어를 가져온다면 수정해야겠지만, 맞는 방향이고 의견이 설득력 있다면 힘을 실어주는 게 좋습니다. 필요하다면 세부적인 조언을 더해서 결국 성공할 수 있도록 도와주면 되니까요. 업무를 스스로 주도한다는 생각이 들면 팀원의 의욕은 더 높아지기 마련입니다.

둘째, 자신 없어 하지만
꼭 해볼 필요가 있는 업무를 하도록 독려한다

어떤 업계든지 좋은 평판을 얻으며 꾸준히 일하려면 꼭 갖춰야 하는 역량이 있습니다. 업무에 필수적인 기본 역량인 경우도 있고, 시대에 따라 새롭게 필요한 역량도 있습니다. 주니어 시절에는 괜찮았지만 연차가 올라갈수록 중요해지는 역량도 있습니다. 해당 역량들을 갖추지 못했을 때 팀원들의 고민은 깊어집니다.

- 혼자서는 잘하지만, 팀으로 협업하면 헤매는 개발자
- 연구 보고서를 작성하는 기관에서 일하는데, 글쓰기에 자신이 없고 시간이 오래 걸리는 연구원
- 1시간짜리 영상은 잘 만드는데 요즘 추세인 1분짜리 숏폼 영상은 자신 없어 하는 콘텐츠 제작 담당자

머릿속으로는 할 줄 알아야 한다고 생각하지만, 막상 업무를 직면하면 피하고만 싶습니다. 동시에 마음 한 켠에는 잘 해내고 싶은 마음도 있고요. 모순적인 심정으로 이러지도 저러지도 못하는 팀원을 위해, 커리어에 결정적인 도움이 될 도전적 업무를 1년에 하나 이상 맡겨주세요.

"알다시피 이 업무 경험은 ○○님에게 꼭 필요한 부분이에요. 저도 ○○님이 어려워하는 건 알지만 지금처럼 피하기만 하면

커리어의 발목을 잡힐 수 있어요. 처음보다 두 번째는 쉬워지고, 점점 더 수월해질 겁니다. 기왕 시행착오를 해야 한다면 제가 팀장으로 있는 팀에서 겪는 게 좀 더 안심되지 않나요?"(웃음)

　하기 싫은 업무를 떠맡는 게 아니라 약점을 보완할 기회를 얻었다고 생각하면 팀원의 태도도 달라집니다. 무사히 마치고 나면 당연히 팀장에 대한 고마움도 깊어질 겁니다.

셋째, 대표 프로젝트를 만들어 실력과 평판을 키워준다

성장은 직선으로만 우상향하며 이뤄지지 않습니다. 훌쩍 성장한 듯하다 한동안 정체기를 겪고, 그러다 또다시 크게 성장했다가 정체를 반복하는 계단식 성장에 가까워요. 팀원의 업무 성장 과정도 마찬가지입니다. 무난한 업무를 하는 동안에는 성장보다는 내실을 다진다고 봐야 합니다. 실력이 자라는 건 좀 더 어려운 과제, 다소 버거운 듯한 업무를 무사히 해냈을 때입니다.
　팀원들을 한 명 한 명 떠올리며 고민해봅시다. 올해가 끝났을 때 어떻게 하면 "저 친구가 ○○ 업무 했던 사람이에요? 다시 봤네. 그거 잘했던데."라는 평을 우리의 본부장, 옆 팀장, 옆 본부장, 그리고 경영진으로부터 듣게 할까요?
　저는 팀원별로 올해의 대표 프로젝트 한두 개를 골라서 집중적으로 지원하는 걸 권합니다. 팀장의 몸은 하나이니 가능한 한 팀원들끼리 기간이 겹치지 않는 프로젝트로 선정하면 좋겠지요. 해당 프로젝트는 규모를 키우고, 다른 팀의 지원도 끌어오고, 아이디어 회의도 자주 하고, 예산도 넉넉하게 배정합니다. 다른 팀원들이 "팀장님, 다음 차례인 저 때도 그렇게 해주셔야 해요." 하는 부러움 섞인 투덜거림이 나올 정도로 말이죠.

　팀원 혼자서는 엄두가 나지 않던 수준 높은 업무를 무사히 해내고 나면 실력이 훌쩍 자라납니다. 작은 성공 경험도 소중하지

팀원별 대표 프로젝트 현황

	팀원 A	팀원 B	팀원 C	팀원 D	팀원 E
1월					
2월	■				
3월		■			
4월			■		
5월				■	
6월					■
7월	■				
8월	■		■		
9월		■			
10월				■	
11월				■	■
12월					

만 어려운 과제를 성공한 기쁨과는 비교할 수 없지요. 팀장이 팀원에게 높은 수준의 업무를 무작정 던져주고 결과를 독촉하는 게 아니라 함께 듀오로 끈끈하게 일하는 방식이기 때문에 서로의 이해도와 결속력 역시 깊어집니다.

팀원의 역량을 키우고 커리어에 자랑스럽게 추가할 이력을 만들어줬다면 내부 홍보도 잊지 마세요. 팀원의 성과를 조직 안에 소문내는 겁니다. 상위 리더와의 회의에도 데려가고 가능한 한 포상도 받을 수 있게 신경 써주세요. 팀원의 향상된 평판과 탁월함은 곧 팀장의 성과입니다. 그리고 팀원은 팀장이 특별히 챙겨주고 있다는 생각에 더욱 신뢰하게 될 테니 일거양득입니다.

이사 : 이번 콘퍼런스 정말 좋았습니다. 최근 몇 년간 행사 중에 가장 내실 있었어요.

팀장 : 감사합니다. 여기 있는 ○○님이 맡아서 고민 많이 하고 준비했습니다. 특히 연사 섭외하는 방식을 보고 놀랐는데요. ○○님, 이사님께 K 연사 어떻게 섭외했는지 한번 말씀해주세요.

본부장 : 이번 분석 보고서 잘 썼던데요.

팀장 : ○○님이 쓴 거예요. 최근 보고서 중에서 제일 괜찮던데 이번 우수 보고서 선정 때 본부장님이 힘 좀 실어주시겠어요?

본부장 : 그래요. 내가 전무님께 말씀 드릴게요.

뛰어난 성과의 공을 팀원에게 돌린다 해도 팀원이 혼자 잘해서 된 거라고 생각하는 상위 리더는 없습니다. 팀원의 성과는 곧 팀장의 역량이니까 둘 다 흐뭇하게 볼 뿐이죠. 그런데 어떤 팀장들은 잘한 일은 혼자 가서 보고하고, 잘못됐을 때만 팀원을 데려가서 탓을 하는 경우가 있습니다. 역효과만 날 뿐입니다. 팀원에게는 물론 상위 리더에게도요.

- 팀에서 보내는 시간이 자신에게 유익하다고 믿게 되면 팀원의 동기 부여는 자연스럽게 따라온다.
- 팀원의 동기를 끌어내는 가장 쉬운 방법은 해보고 싶어 하는 업무를 맡기는 것이다. 덧붙여, 잘 해내고 싶지만 자신 없어 하는 업무를 맡겨서 성장할 수 있는 기회를 만들어준다.
- 팀원의 대표 프로젝트를 만들어 실력을 키워주고 조직 안팎의 평판을 올려주자. 팀 성과까지 오르는 일거양득 전략이다.

_____ **Q.** _____

"우리 팀원들은
나와 함께 일하면서
실력과 평판이 좋아지고 있나?"

마음을 움직이는 버튼은
모두가 다르다

백 명의 팀원이 있으면 백 가지 다른 동기 부여가 있다고 합니다. 인간을 네 가지 혈액형이나 열여섯 가지 MBTI로만 분류할 수 없는 것처럼 말이죠. 하지만 사람마다, 상황마다 다르다는 답은 우리에게 어떤 도움도 주지 못하잖아요. 성장 속도, 태도, 성향이 모두 다른 팀원들을 어떻게 동기 부여하면 좋을까요?

여기서는 팀장들이 가장 고민하는 팀원의 역량(실력)과 마인드(의욕)를 두 축으로 삼아서 대표적인 네 가지 유형을 선정했습니다(216쪽 표 참고). 스타, 멈춤, 성장, 위기 유형으로 나뉜 팀원들은 각각 동기 부여 방법이 확연히 다릅니다. 모든 팀장들의 꿈인 스타형 팀원부터 걱정의 대상인 위기형 팀원까지 어떻게 동기 부여하는지 순서대로 살펴보겠습니다.

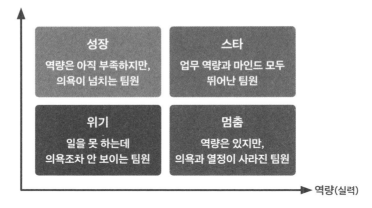

마인드(의욕)

성장	스타
역량은 아직 부족하지만, 의욕이 넘치는 팀원	업무 역량과 마인드 모두 뛰어난 팀원
위기	멈춤
일을 못 하는데 의욕조차 안 보이는 팀원	역량은 있지만, 의욕과 열정이 사라진 팀원

역량(실력)

스타 : 업무 역량과 마인드 모두
뛰어난 팀원

RECOMMEND추천 : 높은 퀘스트로 성장의 경험을

축하합니다. 훌륭한 팀원과 함께하는 엄청난 행운을 얻으셨군요. 이미 탁월한 팀원인데 동기 부여가 필요할까 싶겠지만, 의외로 그렇지 않습니다. S급 팀원을 원하는 마음은 다들 비슷하기 때문이죠. 얼마든지 다른 팀이나 다른 조직으로 가버릴 수 있기 때문에 현재의 팀에서 일하는 게 유익하고 재미있다고 생각하도록 계속 동기 부여를 해줘야 합니다.

스타 팀원에게는 실력과 경험을 키울 수 있는 과제를 꾸준히 주세요. 기왕이면 팀원이 욕심내는 분야를 선택하면 더 좋습니다. 일을 맡길 때는 "어려운 과제라서 누구보다 ○○님께 부탁하고 싶습니다. 저는 ○○님을 믿고 있어요."라는 말로 신뢰를 표현합니다. 몇 년 후 팀을 옮기게 되더라도 이곳에서 즐겁게 일하고 많이 배웠다고 떠올릴 수 있는 업무를 주는 게 관건입니다. 구체적인 방법은 바로 앞에서 다룬 '팀원 커리어 관리'의 내용을 참고하시면 됩니다.

CAUTION주의 : 해결사 역할은 공평하게

의외로 많은 팀장들이 스타 팀원에게 '떠안기기'라는 잘못된 선택을 하곤 합니다. 팀원들이 툴툴대면서 싫어할 만한 업무가 생기면 스타 팀원을 제일 먼저 부릅니다. 갑자기 떨어진 보고자료, 주말에 출근해야 하는 비상 업무 등이 대표적인 예입니다. 불평하는 대신 빠르고 묵묵하게 해결해주니 마음이 든든하니까요.

처음에 스타 팀원은 힘든 일을 흔쾌히 맡을 테지만 비슷한 일이 반복되면 결국 화가 납니다. 팀장이 말로만 아낀다고 할 뿐 실제로는 제일 함부로 대하고 있는 셈이니까요. 팀장에게 몇 번 건의해도 변화가 없으면 조용히 다른 팀 또는 다른 조직으로 떠날 준비를 합니다. 아니면 기존의 태도를 바꿔서 최소한의 일만 맡으려고 할 거예요.

물론 스타 직원에게 귀찮은 업무를 맡기지 말라는 뜻은 아닙니다. 그들 대부분은 귀찮은 업무를 시켰다고 마음이 떠나는 게 아니에요. '나만' 하는 게 화가 나는 거죠. 이용당하고 있다는 의심이 드는 순간 업무 의욕은 급격히 떨어지게 됩니다.

멈춤 : 역량은 있지만, 의욕과 열정이 사라진 팀원

팀장이 가장 안타까워하는 유형입니다. 맡은 업무를 깔끔하게 해낼 실력이 있으니 굳이 두 번 세 번 검토하지 않아도 평균은 해냅니다. 사실 이 정도만 돼도 고맙긴 하죠. 그런데 미묘한 안타까움을 주는 이유는 잘하고 싶은 마음이 바닥 난 상태라는 점입니다. 더 나은 답을 찾기보다는 틀린 답을 내놓지 않는 것에 우선순위를 둔다고 할까요.

이 멈춤 유형은 크게 타의적 멈춤과 자의적 멈춤으로 나뉩니다. 먼저 외부 환경에 의해 어쩔 수 없이 멈추게 된 타의적 멈춤은 팀원의 갑작스러운 사정 때문에 생깁니다. 예를 들어, 자녀나 부모님께 집중 돌봄이 필요한 상황이 발생했다든지, 건강상의 문제가 생겼다든지 하는 문제 등입니다. 그런가 하면 내부 동기 때문에 일어나는 자의적 멈춤은 업무 자체에 흥미가 없어지거나 조직에 대한 불신 등으로 의욕 자체가 버석버석해진 상태를 의미합니다.

타의적 멈춤 유형 : 제한된 조건 안에서 최선을

타의적 멈춤의 경우라면 여유로운 마음가짐이 우선입니다. 예를 들어, 보육이나 간병 때문에 퇴근 시간이 되자마자 달려 나가야 하고 매일 3시간 쪽잠을 자고, 주말에도 쉬지 못한다면 일에 쏟을 에너지가 부족한 건 당연합니다. 팀원은 맡은 업무를 무사히 해내는 것만 목표로 삼을 수밖에 없습니다. '오늘도 무사히'가 모토인 상태라고 할까요.

이런 상황에서는 독촉과 다그침이 아무 소용이 없습니다. 우선 팀원에게 공감과 지지를 보이며 숨 쉴 여유를 주세요. 그리고 제약된 환경 안에서 팀원이 성과를 낼 방법을 찾아봅니다.

팀장 : ○○님, 요즘 아버지 간병 때문에 많이 힘드시죠? 피곤해보여서 마음이 안쓰럽네요.

팀원 : 잠을 못 자서 피곤하긴 한데, 그럭저럭 적응 중이에요.

팀장 : 지금 ○○님이 특별한 상황을 겪고 있잖아요. 관련해서 **제가 신경 써줬으면 하는 게 있을까요?** (공감과 지지 표현)

팀원 : …. 일이 좀 줄어들면 좋긴 하겠죠.

팀장 : 근무 일수 조정을 말씀하시는 건가요? 좀 더 구체적으로 이야기해봤으면 좋겠어요. (구체적 방안 모색)

얘기를 나누다 보면 팀원은 열심히 일할 마음이 없는 게 아니라 야근, 주말 출근, 출장 등을 걱정하는 것일 수 있습니다. 그렇다면 둘이 머리를 맞대고 고민해봅시다. '어떤 업무를 하면 특근이나 출장 없이도 근무 시간에만 집중하며 성과를 낼 수 있을까?'라는 문제를 안건으로 올려놓고 함께 방법을 찾아갑니다. 걱정하는 부분을 팀장이 확실히 배려해주리라 생각하면 팀원은 방어적 태도를 내려놓고 좀 더 최선을 다할 수 있습니다.

자의적 멈춤 유형 : 숨겨진 불안 요소 해결

내부 요인에 의한 자의적 멈춤이라면 반드시 숨겨진 이유가 있습니다. 열심히 일했다가 팀장에게 세게 데인 경험이 있거나, 잘한다는 이유로 비슷한 업무만 맡게 되는 바람에 아무런 흥미가 없어졌을 수 있습니다.

여기서 일하는 게 실력을 쌓기보다는 소진될 뿐이라고 생각해도 의욕이 말라붙습니다. 열심히 해봤자 조직에만 좋은 일이라는 생각이 드니까요. 실패에 대한 두려움이 큰 경우도 동기를 꺾는 주요 요인입니다. 시키는 대로 했을 때의 보상은 1, 잘했을 때는 2, 실패했을 때는 마이너스 10인 조직을 몇 번 경험했다면 당연히 움츠러들 수밖에 없습니다.

과거는 바꿀 수 없으니 현재의 상황을 기반으로 팀원과 솔직하게 이야기를 나눠봅시다. 해당 팀원의 기여를 고맙게 생각하지만, 스스로 한계를 정해놓고 넘지 않으려는 인상을 받았음을 고백하면서 숨은 이유를 함께 찾아보세요.

"○○님이 더 의욕적으로 일하려고 할 때마다 경고음을 내는 브레이크가 있는 것 같습니다. 혹시 염려되는 상황이 있나요?"

처음에는 그런 거 없다, 요즘 좀 피곤해서 그랬던 모양이다며 방어적인 태도로 나올지 모릅니다. 하지만 팀장이 돕고 싶다는 마음을 표현하며 진정성 있게 다가간다면 조금씩 진실을 이야기하기 시작할 거예요. 이때, 팀장은 팀원의 생각이 오해라거나 잘못됐다는 걸 해명하는 데 집중하면 안 됩니다. 이미 발생한 특정 상황에 대한 구체적인 변화 방향을 찾는 게 우선입니다.

예를 들어, 팀원이 업무 의욕을 보이는 순간마다 업무가 과도하게 늘어나서 가정에 소홀하고 건강도 해칠까 봐 걱정이라고 가정해볼게요. 그렇다고 팀장이 일을 특별히 조금만 주겠다고 약속할 수는 없는 노릇입니다. 대신 불안 요소를 줄여줄 방법은 얼마든지 찾아볼 수 있습니다. '팀 상황판을 공유하고 팀원별 업무량을 체크해서 일이 몰리지 않도록 관리할 것이다', '팀원마다 업무 멈춤권을 세 장씩 나눠주고 힘든 상황이 오면 사용할 수 있도록 하겠다' 같은 약속을 하며 안심시킵니다.

똑같은 업무의 반복으로 매너리즘에 빠진 팀원을 위해서는 다른 팀원과 업무를 바꿔보거나 업무 일부의 규모를 키워주거나 다른 곳과 협업하는 방식 등으로 변화를 가져올 수 있습니다.

실패가 두려운 팀원이라면 정해진 정답이 없는 프로젝트를 맡겨보거나, 팀장 또는 경험 많은 팀원과 난도 높은 업무를 함께 진행할 수 있도록 조정해볼 수 있습니다. 핵심은 팀원의 심정에 공감하는 태도로 해결책을 찾아보려는 의지를 보이는 겁니다.

　이 같은 유형에게 동기 부여하는 중요한 포인트는 불안감을 낮추는 데 있습니다. 팀장에게 건의해도 아무 변화가 없을 거라는 불신 대신에, 팀장 말대로 했더니 생각보다 괜찮았다는 긍정적인 경험이 쌓이면 자연스럽게 행동은 달라집니다.

성장 : 역량은 아직 부족하지만, 의욕이 넘치는 팀원

팀장들이 꽤 좋아하는 유형입니다. 실력은 다소 부족해도 배우려는 마음이 커서 금방 성장하기 때문입니다. 소위 가르칠 맛이 나는 팀원이라고 할까요. 준비된 유형이라 동기 부여에 특별한 정답이 없습니다. 성향에 따라 호승심을 일으키는 어려운 과제를 줘서 잠재력을 끌어내는 게 효과적일 수도 있고, 조곤조곤 지도 교수처럼 가르치며 제 몫을 해내도록 돕는 게 잘 맞을 수도 있습니다. 따라서 다음에 이어지는 내용은 정해진 가이드라기보다는 유용한 팁 정도로 생각하시면 됩니다.

RECOMMEND추천 : 업무 습득 온보딩 계획 수립 및 공유

이 유형은 빨리 배워서 자신의 몫을 해내고 싶어 하므로 업무를 안정적으로 배울 수 있는 상황을 제공하면 좋습니다. 예를 들어, 팀의 업무가 크게 다섯 종류가 있다면 골고루 경험할 수 있도록 배치하고, 보조 역할에서 부 담당자로, 그리고 주 담당자 순으로 책임 범위를 순차적으로 높이면 부드럽게 연착륙할 수 있습니다.

[사이클 ①]
- A 업무(난이도 上) : 2월, 보조 담당자
- B 업무(난이도 中) : 3월, 부 담당자
- C 업무(난이도 上) : 4월, 보조 담당자
- D 업무(난이도 下) : 5월, 부 담당자
- E 업무(난이도 中) : 6월, 부 담당자

[사이클 ②]
- D 업무(난이도 下) : 7월, 주 담당자
- B 업무(난이도 中) : 8월, 주 담당자

일정표가 이렇게 딱 맞춰져야만 하는 건 아닙니다. 팀의 주요 업무를 선배들의 리드하에 빠르게 습득한다는 원칙만 기억하고 팀 상황에 맞게 조정하면 됩니다. 이런 유형의 팀원은 이미 능숙한 선배 동료들과 자신을 비교하며 의기소침하기 쉽거든요. '저는 일을 제대로 못 하는 것 같아요. 팀장님 보시기엔 어떤가요? 제가 잘 안 맞는 사람인가요?' 같은 질문을 하며 눈물을 쏟기도 합니다. 그때 업무 온보딩 계획표를 공유하면서 "걱정하지 말고 일단 이대로 하나씩 해보세요. 내년 이맘때는 익숙해질 겁니다. ○○님의 직속 선배도 작년에 비슷한 말을 제 앞에서 했는데 지금 ○○님 앞에서 엄청나게 잘난 척하잖아요.(웃음)"하는 식으로 격려하면 다시금 용기를 얻습니다.

CAUTION주의 : 위기 팀원과 거리두기를

의욕은 넘치지만, 아직 역량이 부족한 유형은 아무래도 중요하고 굵직한 업무보다는 난도가 낮은 업무를 할 가능성이 큽니다. 적어도 성장 초반에는 말이죠. 그러다 보니 한 팀으로 묶어주는 팀원이 '위기' 유형의 직원인 경우가 종종 있습니다. 실력도 별로이고 의욕도 없지만, 팀에 소속되었던 기간 덕분에 서당개 풍월 읊듯이 업무를 할 수 있는 선배 말이죠.

새로 입사한 팀원과 경력 많지만 무능한 직원의 조합이랄까요. 아마 많이 보셨을 겁니다. 이런 조합을 만드는 팀장의 마음은 저도 충분히 이해합니다. 모두가 위기 유형의 팀원과 일하기 싫어하니 비교적 쉬운 업무를 신입과 함께 맡기는 식이죠. 하지만 성장형의 팀원에게 위기 유형의 선배는 의욕을 꺾는 큰 암초가 됩니다. '나보다 몇 년 선배이고, 월급도 훨씬 많이 받는데, 업무는 다 나에게 떠넘기고 잘한 건 자기가 가져가서 보고하잖아?'라는 당혹감을 느끼게 하니까요. 초반에 반짝반짝하던 팀원이 3개월도 되기 전에 퍼석퍼석해집니다.

성장 유형의 팀원이라면 초반에는 배울 점이 많은 동료와 함께 일하도록 배치해주세요. 일단 좋은 경험을 먼저 겪으면 나중에 힘든 동료와 일하게 돼도 멘탈이 크게 흔들리지 않습니다.

위기 : 일을 못 하는데 의욕조차 안 보이는 팀원

게임에서 최종 보스이자 소위 빌런에 해당하는 유형입니다. 팀에 한 명만 있어도 팀장의 심혈관 질환이 악화합니다. 실제로 견디다 못해 팀장이 퇴사하는 사례도 있습니다. 씁쓸하지만 가장 권하고 싶은 방법은 최선을 다해 해당 유형이 팀에 오지 않게 막으라는 겁니다. 하지만, 스타트업이나 일부 기업을 제외하고는 우리나라의 팀장은 인사에 별다른 권한이 없습니다. 현실을 인정하고, 일단 어떻게든 잘 지내볼 방법을 찾아봅시다.

위기 유형 팀원은 크게 두 가지로 나눌 수 있습니다. 본인도 문제를 알고 있고 좌절감을 느끼지만 무기력에 빠진 팀원이 있습니다. 비교적 희망적이기 때문에 저는 이 유형을 긍정적 위기 유형이라고 부릅니다. 반대로 본인은 아무 문제가 없고 잘하고 있는데 다른 사람들이 제대로 대접해주지 않는다고 생각하는 부정적 위기 유형도 있습니다. 하나씩 살펴보겠습니다.

긍정적 위기 유형 : 좌절감을 이길 작은 성공 경험을

긍정적 위기 유형은 좁고 깊은 구덩이에 빠져서 옴짝달싹 못 하는 상태입니다. 반복된 부정적 경험으로 가슴 깊은 곳에 좌절감이 있지만, 구덩이에서 나가자니 낯설고 두렵습니다. '저는 그거 못해요', '모르겠는데', '그건 제 일이 아니잖아요', '안 해봐서' 같은 말로 방어벽을 세웁니다.

업무 자신감도 떨어지고 팀 동료들 간의 결속력도 약하기 때문에 동기 부여가 사실상 어렵습니다. 본인이 환영받는 존재가 아니라는 걸 이미 느끼고 있으니까요. '이 팀에서 일한다 = 잘 안 맞고 괴롭다'라는 부정적 고리가 고착된 상태입니다.

먼저, 고리를 끊는 것부터 시작해보세요. 작고 확실한 성공 경험을 통해서 말이죠. 예를 들어, 팀원이 그나마 자신 있어 하는 분야의 일을 맡긴 후 성공할 수 있도록 신경 씁니다. 피드백도 꼼꼼하게 해주고, 상위 리더에게도 데려가 진행 상황을 공유하며 칭찬합니다. 팀장이 이끌며 도와주는 프로젝트가 실패하기는 어렵겠죠. 좋은 성과가 나오는 걸 보면 팀원도 자신감이 생깁니다. 오랜만에 긍정적인 피드백을 경험한 거니까요.

이 유형의 팀원에게는 처음부터 목표를 높게 잡지 마세요. 갑자기 각성해서 훨훨 날아오를 가능성은 크지 않습니다. 우리의 목표는 적어도 팀원이 자기 몫은 할 수 있도록 이끌어주는 것입니다. 생각해보면 그것도 충분히 괜찮지 않나요. 팀 업무 중에서 꼭 탁월해야 하는 영역만 있는 건 아니잖아요.

부정적 위기 유형 : 태풍의 피해를 최소화하기

도망치세요.

이것보다 나은 조언이 떠오르지 않네요. 동기 부여가 의미 없습니다. 왜냐하면, 해당 팀원은 현재의 생활에 충분히 만족하고 있기 때문입니다. 동료들의 절반 이하로 일하고 있지만, 월급은 비슷하게 받잖아요. 고과가 별로이니 성과급은 덜하겠지만 그래도 이득이니 행동을 바꿀 이유가 없습니다. 게다가 본인은 잘한다고 믿고 있으므로 핵심 인재들을 대상으로 하는 해외 연수에 꼬박꼬박 신청하며, 승진에서 탈락하면 강력하게 항의해서 팀장을 당황하게 합니다.

이런 유형이 팀에 있다면 깊은 위로를 전합니다. 그리고 현실적인 조언을 전하자면, 태풍의 방향을 바꾸는 쪽이 아니라 피해를 최소화하는 전략을 선택하라는 겁니다. 상대를 바꾸려고 너무 애쓰지 않겠다고 결심하세요. 제가 아는 분은 '저 사람을 한번 바꿔보겠다'고 의욕을 불태웠다가 본인이 스트레스로 퇴사하고 말았습니다. 문제 행동을 몇 차례 분명히 말해주되 변화 의지를 보이지 않으면 멈추는 게 팀장의 정신 건강에 좋습니다.

덧붙여서, 팀에 미치는 악영향을 최소화할 수 있도록 방패가 되어주세요. 다른 팀원과 억지로 협업하도록 만들어서 멀쩡하던 팀원마저 번아웃이 오는 상황만큼은 막아야 합니다. 가급적 단독으로 진행할 수 있는 업무를 맡기세요. 두루뭉술하게 업무가 섞이면 다른 팀원이 위기 유형 팀원의 업무까지 대신해야 하니까요. 예를 들어, 두 명의 팀원이 공동으로 서울 지역 물류를 담당한다면, 지역이라도 분리하여 팀원별로 따로 일하게 해주세요.

— Q. —

"나의 팀원들은 **네 가지 중 어떤 유형**일까?
어떤 기회를 주면 조금 더 나아질 수 있을까?"

Chapter 8

우리 팀에
금쪽이가 산다면

사람은 변화시킬 수 없어도
행동은 바꿀 수 있다

해결 범위 좁히기

문제 행동의 심각성은
레버리지 효과 때문

문제 행동을 일으키는 팀원이 있다면 팀장의 고민은 깊어질 수밖에 없습니다. 감정적인 소모도 만만치 않지만, 더 큰 문제는 팀원의 문제 행동이 팀 전체에 미치는 부정적 파급 효과입니다.

팀장 : 이번에는 새로운 방식으로 해볼까요?

팀원들 : 오오, 좋아요!

문제 팀원 : 아휴, 또 일만 늘겠네. 저는 빼주세요.

일동 : ….

세상에. 말 한마디로 팀의 업무 동력을 푸스스 꺾었습니다. 활발하게 진행되던 회의 흐름이 뚝 끊겼을 뿐 아니라 팀원들 사이에서도 '생각해보니 별로인 것 같아.'라는 부정적인 마음이 퍼져갑니다. 업무도 일종의 기세인데 말이죠. 한번 꺾이고 나면 다시 의욕을 끌어올리는 게 몇 배로 힘이 듭니다.

팀장 : 이번 프로젝트의 업무 분장을 해보겠습니다.
문제 팀원 : P 업무(제일 힘든 업무)는 강 대리가 맡는 게 어떨까요? 강 대리, 지난달 내내 거의 놀다시피 했잖아. 이제 일할 때도 된 거 같은데, 불만 없지?
강 대리 : ….

정말 할 말이 없네요. 팀장으로서 평소 팀이 서로 돕고 협력하는 문화를 만들기 위해 애써왔는데 이런 부정적인 경험 몇 번에 팀원들의 사기가 떨어지는 건 속상한 일입니다.

우리의 목표는 사람이 아니라
행동을 변화시키는 것

문제 행동의 파급 효과는 생각보다 큽니다. 팀원의 성향이나 기질의 사안으로 덮어둘 수 없어요. 팀장이 적극적으로 개입해야 합니다. 그런데 많은 팀장이 소극적으로 문제를 외면하거나 아니면 팀원과 감정적인 싸움을 하는 바람에 관계가 최악으로 치닫곤 합니다. 서로 부정적 감정 소모 없이 적극적으로 문제 행동을 바꾸기 위해서 저는 두 가지 방법을 제안합니다.

첫째, 확실한 문제 행동만 타깃으로 삼는다

아침에 출근했을 때 밝은 모습으로 인사하지 않는 것은 문제 행동일까요? 아닙니다. 기왕이면 기분 좋게 출근하면 좋겠지만 문제 행동이라고 볼 수는 없습니다. 해주면 고맙고, 안 해도 어쩔 수 없는 거죠. 하지만 동료들이 인사할 때마다 노려본다든지 대꾸도 없이 휙 자리로 가버린다면 문제라고 할 수 있습니다.

팀장이 업무를 지시했을 때 "네, 알겠습니다."라며 씩씩하게 수락하는 대신 시큰둥한 표정으로 "네."라고 말할 뿐이라면 문제 행동일까요? 아닙니다. 팀장으로서 기분이 썩 좋진 않겠지만 문제는 아닙니다. 특별한 이유도 없이 못 한다며 거절하거나, 나중에 확인해보니 업무에 손도 대지 않은 행동 등이 문제입니다.

객관적인 문제 행동을 우선순위로 두세요. 우리가 집중해야 하는 건 '확실한 문제 행동'입니다. 마음에 들지 않은 것을 기준으로 삼는다면 이길 수 없는 싸움을 해야 합니다. 고쳐야 할 건 너무 많고 팀원은 꿈쩍도 하지 않을 테니까요.

둘째, 사람이 아니라 보이는 행동을 바꾼다

팀원의 특성과 성향은 오랜 시간 동안 누적된 것입니다. 일로 만난 사이인 팀장이 단시간에 바꿀 수 있을 리가 없습니다. 부정적인 성격, 공격적인 성향, 무책임한 태도 등을 바꾸는 건 불가능에 가깝습니다. 그건 팀장의 책임이 아니에요.

팀장의 책임은 문제 행동을 일으키는 팀원의 성격을 교정하는 게 아니라, 문제 행동을 지금 이 팀에서 일하는 동안 하지 못하도록 막는 거예요. 단호한 태도로 말이죠. 전자와 후자는 분명 차이가 있습니다. 다른 팀원에게 공격적인 표현을 자주 하는 팀원에게 피드백하는 상황을 가정해볼게요. 먼저 **'팀원의 성향과 태도를 바꾸는 데 집중'**하는 경우를 살펴보겠습니다.

팀장 : ○○님이 다른 팀원의 업무에 대해 공격적으로 나오고 비난을 하니까 어려움이 많아요. ✬ (상대방의 성향과 태도를 지적)

팀원 : 제가 언제 공격적으로 이야기했나요? 그때 최 과장의 기획안은 허점투성이였잖아요. 그대로 하면 당연히 실패하니까 뭐가 문제인지 말해준 건데요.

팀장 : 그래도 남들 앞에서 그렇게 이야기하면….

팀원 : 뒤에서 말할 거면 팀 회의를 왜 하는 거죠? 좋아요. 알겠습니다. 앞으로는 망하든 말든 괜히 끼어들지 않겠습니다.

팀장 : 말을 왜 그런 식으로 합니까?

팀원 : 팀장님 말씀대로 하겠다는데 또 왜 그러세요? 이쯤 되면 팀장님은 그냥 제가 마음에 안 드는 거 아닌가요?

상대방의 성향과 태도를 교정 대상으로 삼으면 승산이 없습니다. 당신은 공격적인 사람이다, 불평불만 꾼이다, 이기적이다, 그러니 고쳐야 한다는 식의 지적에 반발하지 않을 사람은 없습니다. '제가 그랬던 이유가 있잖아요. 오해하고 계시네요' 같은 자기방어를 더 강하게 할 뿐입니다. 결국 문제 행동은 조금도 개선되지 않습니다. 팀장 말에 조금도 동의하지 않으니까요. 상대방을 비난하는 대신, 다음 대화처럼 **'팀원의 구체적인 문제 행동에 집중'**하면 어떨까요?

팀장 : ○○님이 업무 경험이 많으니 도와주려는 마음에 적극적으로 의견을 많이 주시잖아요. ☆ (상대방의 의도를 지지) 그런데 전달하는 과정에서 오해가 생기는 것 같아요. ☆ (구체적 행동에 초점) 뭐랄까, 상대방을 비난하는 느낌이 들거든요. 제가 봤을 때는 분명히 조언하는 중인데 말이죠.
팀원 : …. 제 말투가 원래 이런데 다들 이해하지 않을까요?
팀장 : 아휴, 저만 해도 팀 회의 때 ○○님이 뭐라고 하면 기가 확 죽는 걸요. 지난번에 최 과장은 얼굴이 파래졌잖아요.
팀원 : 사실 기획안이 엉망이긴 했잖아요.
팀장 : 하하, 저도 일부 동의합니다. (웃음) ○○님의 조언은 정

말 좋은데, 조금 다른 방식으로 하면 좋겠어요. ✿ (구체적 행동에 초점) 팀원이 의기소침해 있으면 다시 으쌰으쌰 끌어올리기가 얼마나 힘든지 아시잖아요.

팀원 : 그럼 뭐 어떻게 해요? 말투를 다 바꿔요?

팀장 : 당분간 팀 회의 때 상대방의 잘못된 점을 지적하지 않는 걸로 하면 어떨까요? 대신 이렇게 하면 더 성공할 것 같다는 취지로 코칭을 해주시면 좋겠습니다. ✿ (구체적 행동에 초점) 저도 회의 진행을 그렇게 하겠습니다.

팀원 : 뭐, 잘 될지 모르겠지만, 한번 해볼게요. 저도 솔직히 다른 사람들이 제 말투 갖고 꼬투리 잡는 게 싫었거든요.

팀장 : 아마 전달 방식 때문에 진심이 안 전해졌을 거예요.

팀원 : 알겠습니다. 해보죠, 뭐.

두 번째 대화는 상대방 성향 대신 행동을 바꾸는 데 초점을 두었습니다. '말투를 바꾸는 것' 같은 모호하고 광범위한 목표를 잡지도 않았어요. 대신 회의 시간에 상대방의 잘못을 지적하는 행동을 하지 않도록 했고(당분간), '이렇게 하면 더 잘될 것 같다'는 취지로 말해달라고 요청했습니다. 훨씬 구체적이고 달성 여부를 점검하기도 쉽죠. 팀원의 저항도 덜하고요.

문제 행동은 단번에 개선되지 않습니다. 몇 번의 시행착오가 필요해요. 다음 회의에 그 팀원이 또 공격적인 말을 하려고 하면 지금은 평가 시간이 아니라며 멈추게 하세요. 이후, 회의가 무르

익었을 때 'A 분야가 조금 까다로운데, 경험이 있는 ○○님이 도움을 주실 수 있을 것 같아요. 실패 없이 잘하려면 어떻게 해야 할까요?' 같이 따로 조언할 기회를 주세요.

문제 행동의 파급 효과를 초기에 차단한다

문제 행동은 파급 효과가 크다고 말씀 드렸죠. 하지만 팀원이 문제 행동을 보일 때 팀장이 재빨리 분위기를 원하는 쪽으로 유도할 수 있다면 어떨까요. 문제 행동은 갑자기 별것 아닌 시시한 것이 되고 영향력 역시 쪼그라들 겁니다. 팀원이 문제 행동을 일으키면 머리가 하얘지는 팀장들을 위해 앞서 언급한 상황을 바탕으로 대응 예시를 보여 드리겠습니다. 먼저, 팀원이 회의에서 무턱대고 불평만 하는 문제 행동을 보이는 경우입니다.

문제 팀원 : 아휴, 일이 또 많아지겠네. 저는 빼주세요.

다른 팀원들 : ….

팀장 : 아이고, 우리 민 매니저가 또 시작이네. 나중에 보면 제일 열심히 하면서 꼭 저러더라. (중요하지 않은 행동으로 넘기기 + 은근한 칭찬) 민 매니저가 오늘치의 불평을 하는 중이니까 다들 이해합시다. (웃음) 자, 회의하던 내용으로 돌아가볼까요? 당분간 민 매니저는 조용히 하시고. (추가 부정적 행동 경고)

다음은 다른 팀원을 공개적으로 무시하는 문제 행동을 보이는 경우입니다.

문제 팀원 : P 업무(제일 힘든 업무)는 강 대리가 맡는 게 어떨까요? 어이, 강 대리. 지난달 내내 거의 놀다시피 했잖아. 이제 일할 때도 된 거 같은데, 불만 없지?

강 대리 : ….

팀장 : 최 과장. (이름을 부른 후 5초 동안 빤히 바라본다.) 강 대리는 내 사람이야. 까도 내가 까. (문제 행동 지적 + 유머)

다른 팀원들 : …?

팀장 : 팀장의 권위를 무시한 최 과장은 각오하라고. 오늘부터 일주일 동안 매일 나와 점심 먹는 거야. 최 과장은 싫어하고 내가 좋아하는 매운 음식 위주로. (문제 행동 지적 + 유머)

다른 팀원들 : (웃음) 최 과장님 큰일 났네.

두 가지를 보면 공통점이 있습니다. 문제 행동이 영향력을 키우기 전에 차단했다는 겁니다. 가능한 한 유머를 사용해서요. 팀원의 문제 행동에 머리가 하얘지는 팀장들이라면 몇 가지 상황을 정해두고 그때마다 짧고 굵게 사용할 말을 미리 정해두시기 바랍니다. 소리 내서 실제로 연습도 해보시고요. 꽤 도움이 됩니다.

참고로 덧붙이자면 지금까지 이야기한 문제 행동은 일반적인

선을 넘지 않은 것을 전제로 합니다. 만약 폭력적 모욕, 성추행, 악의적 괴롭힘 등의 심각한 문제 행동을 일으켰다면 앞의 조언들이 해당하지 않습니다. 팀장은 문제를 인지한 즉시 상위 리더와 인사팀에 알리고 신속하게 문제를 해결해야 합니다. 그 팀원과는 더는 함께 일할 수 없다고 단호하게 선언하세요. 이미 상처받은 다른 팀원들은 팀장이 어떻게 행동하는지 지켜보고 있습니다. '원만하고 좋게' 문제를 덮지 말아주세요.

요약 _____

- 문제 행동의 파급 효과는 크다. 팀 전체의 분위기를 바꿔버리기 때문이다. 팀장이 적극적으로 개입해야 하는 이유이다.

- 우리의 목표는 문제 팀원의 타고난 성향을 바꾸는 게 아니라 일 터에서 보이는 행동을 바꾸는 것이다. 사람을 고치려고 하면 감 정싸움만 일어날 뿐 아무것도 달라지지 않는다.

- 문제 행동의 파급 효과를 초기에 차단한다. 문제 행동을 별 것 아 닌 일로 만들어 영향을 무력화하거나, 단호하게 지적해서 다른 팀원을 보호한다. 유머를 곁들이면 더 좋다.

——————————— **Q.** ———————————

"우리 팀에서 **꼭 고치고 싶은**
한 가지 문제 행동은 무엇인가?"

팀장이 힘들어하는
5가지 유형의 팀원

유형별 대처법

팀장 대상으로 강의를 많이 하는데, 교육 담당자가 종종 사전에 질문을 취합하여 보내줍니다. 읽다 보면 마음이 짠해질 정도로 팀장들의 고민이 절절합니다. 조직 규모나 업종과 무관하게 단골처럼 나오는 고민은 크게 일곱 가지입니다.

① 업무에 냉소적이고 부정적인 의견이 가득한 팀원

② 그걸 왜 해야 하냐며 매번 방어적으로 나오는 팀원

③ 매사 팀장에게 물어볼 뿐 책임지지 않으려는 팀원

④ 본인의 의견만 고집하는 팀원

⑤ 감정적으로 싫은 마음이 드는 팀원

⑥ 일에 의욕이 없고 아무것도 하기 싫어하는 팀원

⑦ 공격적이고 무례한 태도로 팀 분위기를 망치는 팀원

이 중에서 ⑥번 '의욕 없음'은 7장의 동기 부여 부문에서, ⑦번 '공격적 태도'는 바로 앞의 글에서 다뤘으니 생략하겠습니다. 그 밖에도 6장의 피드백 부문에서 다룬 고민 유형은 가급적 제외하고, 여기서는 앞에서 다루지 않은 유형 다섯 가지를 살펴보겠습니다.

'안 될 것 같은데요'
부정적이고 냉소적인 팀원

Q. 업무를 지시하면 '이래서 어렵고, 저래서 힘들고…' 매번 할 수 없는 이유만 한가득입니다. 팀 분위기에도 부정적인 영향을 끼칩니다. 뒤에서 다른 팀원들에게 그건 분명히 안 되는 건데 팀장이 뭘 모른다는 식으로 선동하고요. 어떻게 해야 할까요?

Solution ① 무엇을What이 아니라 어떻게How에 초점을

비관적이고 냉소적인 태도 자체는 문제가 아닙니다. 개인의 성격이자 성향이니까요. 신중한 태도 덕에 오히려 팀에 도움이 되는 경우도 있습니다. 하지만, 기질 외에 숨어 있는 문제가 따로 있다면 곤란합니다. 예를 들어, 매사 불평하고 핑계 대는 행동을 통해 자신의 업무를 줄이는 팀원이 있습니다. 또는 본인을 과시하고 팀장의 권위를 깎아내리는 목적으로 그런 행동을 반복하기도 합니다. 팀장보다 근무 경력이 오래 됐을 때 종종 나타나는 현상입니다. 일종의 기 싸움이랄까요.

이런 경우라면, 무턱대고 부정적인 이유들을 늘어놓기 시작할 때 잠시 멈추게 하세요. 그리고 팀장의 입장을 담백하게 설명합니다. 지금은 업무를 할지 말지 정하는 게 아니라(What) 잘하려면 어떻게 해야 할지를(How) 생각하는 시간이라는 점을 말이죠.

"저는 이런 근거로 A 방향으로 하기로 결정했습니다. ○○님께 묻고 싶은 건 할지 말지가 아니라 성공 확률을 높이는 방법이에요. 지금부터 그 부분에 집중해볼까요?"

Solution ② 뒤에서 말하는 불만을 공식적으로 다루기

"팀장이 잘 알지도 못하면서 고집이라니까. 지난번에도 실패했는데 올해도 고생만 하게 생겼어." 같은 말을 다른 팀원에게 퍼트리면 어떻게 될까요. 당연히 팀원들은 동요하고 분위기도 가라앉습니다. 해당 팀원과 다른 팀원들이 한목소리로 팀장에게 항의하기도 하고요.

이럴 때는 불만을 오히려 공개적으로 다뤄주세요. 물론 망신 주기가 아니라 세련된 방식으로 말입니다. 기존에 실패 사례를 회의실에 올려놓고 팀원들과 토론하는 겁니다. '왜 그때는 실패했을까?', '기대와 현실이 왜 달랐나?', '우리는 어떻게 하면 성공할 수 있을까?'라며 AAR 피드백을 시작하는 거죠. 해당 팀원에게는 조언해달라고 담백하게 부탁하면서 말이죠. 그렇게 토론하다 보면 해당 팀원이 말한 '안 되는 이유' 중에 최소한 하나는 해결 가능한 문제로 판명납니다. 그 순간 기세는 팀장에게 넘어오는 거예요. 막연하게 불안해했던 다른 팀원들 역시 더는 흔들리지 않게 됩니다.

팀장의 한마디
"그러면, 어떻게 해야 실패하지 않을 수 있을까요?"

'제가 왜 해야 하는 거죠?' 방어적인 팀원

Q. 업무를 지시하면 '왜 내가 해야 하는 거냐'며 따지는 팀원이 있습니다. 팀장으로서 업무를 배정하는 건데 팀원 본인을 납득시켜보라는 태도가 황당합니다. 게다가 다른 팀원을 돕게 할 때는 얼마나 싫은 내색을 하는지 모릅니다. '지옥의 수문장'이라는 별명을 붙여줘야 할 것 같아요. 업무가 오면 다 막아서니까요.

Solution ① 역할을 분명하게 구분하기

팀장이 분명히 알아야 할 것이 있습니다. 무슨 업무를 할지 정하는 건 팀장입니다. 휘둘리지 마세요. 설득하거나 허락을 받는 영역이 애초부터 아닙니다. 평소의 업무 강도와 시간을 훌쩍 넘어서는 업무라든지 새로운 TFT 합류 여부 등은 팀원과 상의가 필요하겠지만, 일반적인 팀 업무 배정은 팀장의 고유 권한입니다.

축구 감독과 선수의 관계 같다고 생각하시면 돼요. 아무리 세계적인 축구 선수라 해도 포메이션, 출전 선수, 선수 교체 타이밍 등을 결정할 수는 없습니다. 그건 감독의 권한이기 때문이죠. 감독은 팀 전체의 승률을 높이는 데 가장 큰 책임을 지고 있는 사람으로서 그 권한을 행사합니다. 선수들의 의견은 존중하되 최종 결정을 내리는 건 감독입니다.

마찬가지입니다. 팀원에게 업무 맥락과 방향성은 충분히 설명해주되, 할지 말지의 권한까지는 주지 마세요.

Solution ② 팀 기여를 공식적인 업무로 만들기

일하다 보면 예정에 없던 업무들이 튀어나올 때가 많습니다. 경영진의 갑작스러운 요청에 팀 전체가 투입되기도 하고, 팀원 한 명을 배정했던 업무가 커져서 여러 명이 필요하게 되기도 합니다. 누구의 업무도 아닌 단발성 업무가 생겨나기도 합니다.

제가 모 대기업 팀장으로부터 들은 조언은 이런 경우 꽤 유용한 대응법이었습니다. 그는 개인 고과 항목에 아예 '팀 기여 항목'을 만들었다고 했습니다. 점수 배정도 자그마치 40%로 잡고요. 그렇게 되자 호의로 도와주는 업무가 아니라 원래부터 해야 하는 일로 여기는 분위기가 생겼다고 합니다.

　고과 항목을 임의로 변경할 수 없는 팀장이라면 제가 했던 방법을 추천합니다. 저는 예전에 성가신 업무가 생겼을 때 팀원들이 순서대로 돌아가며 맡도록 했습니다. 이번에 A 팀원이 했으면, 다음번에는 B 팀원이 하는 식으로요. 왜 내가 하느냐고 물어볼 명분 자체가 없어지고, 억울한 사람도 안 생기니 유용합니다.

팀장의 한 마디
"업무를 배정하는 건 팀장의 역할이에요.
혹시 이 업무를 본인이 아닌 다른 팀원이 맡아야 하는
특별한 이유가 있을까요?"

'팀장님, 보고 드릴 게 있어요'
매사 의존하는 팀원

Q. 매사에 팀장의 확인을 받고 싶어 하는 팀원이 있습니다. 남들은 기껏해야 두세 번 하는 중간보고를 열 번 이상 찾아옵니다. 알아서 판단하라고 하면 우물쭈물합니다. 주니어 연차도 아닌데 언제까지 일일이 말해줘야 할까요. 스스로 생각하지 않고 의존하려는 팀원은 팀장을 힘들게 합니다.

Solution ① 책임 범위 넓혀 나가기

스스로 결정을 내릴 때 남들보다 큰 스트레스를 받는 유형입니다. 성장한 어른에게 바람직한 모습은 아니지만, 팀장이 팀원의 성향을 단기간에 바꿀 수는 없는 일입니다. 팀원의 특성을 존중하되, 좀 더 바람직한 방향으로 이끌어봅시다.

책임 범위를 조금씩 넓히는 방법을 써보세요. 예를 들어, 해당 팀원이 맡은 큰 업무를 쪼개면 다섯 개의 덩어리가 있다고 해보겠습니다. 처음에는 이 중에서 네 개를 정해주고 한 개는 스스로 결정하게 합니다. 팀원이 감정의 큰 동요 없이 무사히 해내고 나면 다음번에는 두 개, 그다음은 세 개로 늘려 나갑니다. 주도적으로 결정해도 큰일이 나지 않는다는 경험을 쌓게 되면 문제 행동이 훨씬 줄어듭니다.

Solution ② 질문 시간을 몰아주고, 의지할 동료 정해주기

팀원이 하루에도 몇 번씩 팀장에게 물어보러 온다면 팀장 업무에 방해가 됩니다. 보고 시간을 정해서 이틀에 한 번 또는 사흘에 한 번 몰아서 질문하도록 해주세요. 팀장은 업무 흐름이 자잘하게 끊기는 걸 막을 수 있고, 해당 팀원도 약속된 시간이 있으니 오히려 안심하게 됩니다.

가능하기만 하다면 다른 팀원과 협업해서 문제를 해결할 수 있도록 배정해주는 것도 좋은 방법입니다. 예를 들어, 업무 주도권이 중요한 팀원과 해당 팀원이 만난다면 그야말로 환상의 콤비가 됩니다. 또는 누군가를 조곤조곤 가르쳐주는 걸 좋아하는 팀원과도 좋은 궁합이 됩니다. 물론 떠넘기지는 마시고요.

팀장의 한 마디

"이 중에서 A 부문은 ○○님이 결정하기로 하죠.

전체 성과의 성패를 좌우하는 게 아니니까

걱정하지 말고 해보세요."

'이 방법이 맞다고요'
자신의 의견만 고집하는 팀원

Q. 개성이 뚜렷한 팀원이 있습니다. 업무 경험도 꽤 있는 편이에요. 그래서인지 고집이 너무 셉니다. 한번 자신이 맞다고 생각하면 다른 방향으로는 절대 안 하려고 해요. 설득하기도 힘들고, 기껏 설득해도 불만이 가득한 얼굴로 일합니다. 다른 팀원과 일할 때도 꼭 잡음이 생기니 어떻게 해야 할지 모르겠습니다.

Solution ① 조건부 제안하기 - '이번만 한번 해볼까요?'

이런 유형의 팀원과 일할 때는 두 가지 마음가짐이 필요합니다. 첫 번째는 감정싸움을 하지 않는 겁니다. 팀장도 사람이라 때때로 상대방의 의견을 꺾고 팀장인 본인 뜻대로 해서 이기고 싶은 묘한 심리가 발동할 수 있습니다. 얄미운 마음이 들지도 몰라요. 하지만 우리는 둘 중 하나가 이겨야 하는 경기를 하는 게 아니라는 걸 잊지 마세요.

두 번째는 팀원의 말이 맞고 팀장의 지시가 틀린 상황이 되는 걸 너무 두려워하지 말라는 겁니다. '팀장인 내가 하라는 방향대로 했다가 결과가 나쁘면 나를 얼마나 무시할까?' 같은 걱정은 부질없습니다. 감정 대립을 한 게 아니라면 그냥 어깨를 으쓱한 뒤 팀원의 의견이 맞았다고 솔직하게 인정하면 그뿐입니다.

팀장과 팀원이 생각하는 방향이 다를 때, 고집스러운 팀원을 잘 설득할 수 있는 방법은 뭘까요? 제가 생각하는 유용한 방법은 바로 '조건부'를 다는 겁니다. 기간이나 적용 범위를 한정하는 방식으로 말입니다.

"저는 이런 이유로 A 방향을 시도해봤으면 좋겠어요. ① **8월에만**(기간 한정) 한번 시도해보는 건 어떨까요? (또는) 이번 프로젝트에서 ② **고객 응대 부분**(적용 범위 한정)만 시도해봅시다."

전체를 바꾸자고 하면 반발이 심하겠지만 조건부로 해보자고 하면 한결 유연하게 받아들일 수 있습니다. 혹시 조건부도 싫다고 한다면 앞의 '방어적 팀원'의 솔루션을 적용하시면 됩니다. 무슨 업무를 할지 최종적으로 결정하는 건 팀장이라는 걸 잊지 마세요.

Solution ② 다양한 정답 찾기 - '방법만 조금 바꿔볼까요?'

고집쟁이 팀원과 동료 팀원이 동시에 팀장에게 하소연하는 상황을 가정해보겠습니다. 둘이 공동으로 세미나를 준비하는 중인데 평균 30~40명 정도가 참석하는 행사입니다. 이례적으로 100명이 온 적도 있습니다. 10명당 1개가 필요한 물품을 구매해야 하는데, 여기서 고집쟁이 팀원과 동료 팀원의 의견이 부딪힙니다.

고집쟁이 동료는 100명이 올 수도 있으니 10개를 구매해야 한다고 주장하고, 동료 팀원은 4개를 구매해도 충분하다고 목소리를 높입니다. 논쟁을 벌이던 그들은 팀장인 당신에게 결정을 물으러 왔습니다. 어떻게 대답해주실 건가요? 난도를 높이기 위해 조건을 추가하겠습니다. 두 팀원 중에서 누구도 승자와 패자가 생기면 안 된다는 점입니다.

강의 현장에서 이 질문을 하면 다수가 중간 지점인 7개 구매로 합의시키겠다고 답합니다. 각자의 주장을 반반씩 반영해서요. 글쎄요. 저는 그 방식을 그닥 지지하지 않습니다. 왜냐하면 결국 두 팀원 모두 불만이 가득할 가능성이 크거든요. 한 명은 상대방의 고집 때문에 7개밖에 못 샀다고, 다른 한 명은 3개나 쓸데없이 추가 구매했다고 생각할 테니까요.

이 상황에서 유용한 설득 안은 둘의 '의견을 존중하되 방법을 바꿔보자'고 하는 겁니다. 예를 들어, 먼저 4개를 구매하고 참석자 모집 추이를 지켜본 후 이틀 전에 나머지 6개를 구매하는 건 어떨까요? 또는 10개를 구매하되 4개만 구매 확정을 하고 6개는 반품할 수 있도록 구매처와 협상하는 겁니다. 세상에는 상대방의 의도를 반영하면서도 다양하게 변주할 방법이 많습니다.

팀장의 한 마디
"○○님의 의견을 충분히 존중합니다.
그러면 조건부로 방법을 조금 바꿔볼까요?"

'나랑 잘 안 맞아'
괜히 마음에 안 드는 팀원

Q. 왠지 싫은 마음이 드는 팀원이 있습니다. 특별히 문제를 일으킨 것도 아닌데 어쩐지 항상 삐걱대는 느낌입니다. 겉으로는 싫은 티를 안 냈다고 생각하지만, 팀원도 왠지 눈치를 챈 것 같습니다. 성향상 잘 안 맞는 팀원과는 어떻게 지내면 좋을까요?

Solution : 나의 레드 버튼 찾아보기

우리는 모두 고유의 취향을 가지고 있습니다. 특정 사람에게 호감을 느끼기도 하고, 어떤 유형은 특별히 싫어하기도 합니다. 그러다 보니 팀원을 대할 때도 비슷한 모습이 종종 나타납니다. 유난히 마음이 가고 대견한 팀원이 있고, 딱히 잘못은 안 했지만 어쩐지 불편하고 껄끄러운 팀원도 있습니다.

본인의 취향과 성향을 바꿀 수는 없겠지만, 팀에 부정적인 영향을 끼친다면 주의해야겠지요. 이럴 때 추천하는 방법은 '나의 레드 버튼 찾아보기'입니다. 여기서 레드 버튼이란 특정 상황이 되면 부정적 감정을 촉발하는 요소를 말합니다.

예를 들어, 저는 비관적이고 우울한 성향에 꽤 큰 마이너스를 매기는 사람입니다. 업무가 미숙하고 서투른 것에는 크게 개의치 않고요. 반대로 어떤 팀장은 개인 성향에 관해서는 별다른 생각이 없지만, 업무 미숙은 견디기 어려워할 수 있습니다. 저의 레드 버튼은 비판적이고 우울한 성향이고, 그 팀장의 레드 버튼은 미숙하고 서투른 업무 역량인 셈입니다.

본인의 레드 버튼이 무엇인지 알면 팀원의 행동이 유난히 거슬릴 때 '저 팀원 잘못도, 나의 잘못도 아니야. 그저 레드 버튼이 눌러졌을 뿐이지.'라고 생각하며 비교적 침착한 태도를 보일 수 있습니다. 일할 때 꼭 서로를 좋아할 필요는 없습니다. 계속 함께하고 싶은 마음까지는 아니더라도 저 사람이 잘 되었으면 좋겠다는 마음 정도만 있어도 충분히 잘 지낼 수 있습니다.

팀장의 한 마디
'그저 취향일 뿐이야.
일할 때 우리는 충분히 잘 지낼 수 있어.'

추가 Tip :
잘못된 시그널에 주의하자

팀장은 문제 행동을 보이는 팀원을 더 신경 쓸 가능성이 큽니다. 팀에 부정적인 영향을 주니 빨리 해결해야 한다고 생각하기 때문입니다. 함께 일하기 껄끄러우니 어떻게든 나아지고 싶은 마음도 있겠지요. 그래서 다른 팀원보다 더 자주 만나고 길게 대화합니다. 문제 행동을 조금이라도 개선하면 크게 격려하고요.

　문제는 다른 팀원들이 이걸 다르게 받아들일 수 있다는 겁니다. 팀장이 문제 팀원을 특별하게 생각하고 가장 아낀다고 여길 수 있어요. 편애한다고 생각해서 마음 상하는 일도 많습니다. '에이, 설마.' 하고 황당하게 생각하시겠지만, 정말로 많습니다. 팀원은 팀장의 보이지 않는 마음이 아니라 보이는 행동으로 판단할 수밖에 없으니까요.

　다른 팀원들에게 "그 팀원이 문제라서 그러는 거야."라고 말할 수는 없는 노릇입니다. 그러니 문제 팀원에게 특별히 더 관심과 시간을 내어주지 않으려고 의식적으로 관리해주세요.

Q.

"가장 힘든 문제 행동 유형은 무엇인가?
왜 나는 그 행동에 유난히 거부감이 들까?"

Build
Better
Teams

Build

_Bett

Part IV

팀장으로
살아간다는
것

Chapter 9

소진되지 않으면서
단단하게 성장하기

나는
어떤 사람인가?

내가 아는 나 vs.
다른 사람이 아는 나

우리는 자기 자신에 대해 잘 안다고 생각하지만, 착각일 때가 많습니다. 가장 오랫동안 지켜본 대상인 건 사실이지만 각양각색의 필터를 거쳐서 해석하기 때문입니다. 예를 들어, A라는 40대 팀장이 있다고 해보겠습니다. 그는 학창 시절 엄청난 독서가였지만 입사 후 10여 년간 읽은 책이라곤 다섯 권이 채 되지 않습니다. 여전히 학창 시절의 기억을 간직한 A는 자신을 책을 좋아하는 사람이라고 생각하겠지만, 주변 동료와 가족은 A가 책에 전혀 관심이 없는 사람이라고 말할 겁니다.

A가 실제로 책을 좋아하는 사람인지 아닌지를 여기서 논쟁할 필요는 없습니다. 중요한 건 자신의 모습이라고 굳게 믿고 있는 것과 실제 행동은 자주 다르게 나타난다는 점, 그로 인해 동료들의 평가는 본인의 생각과 아예 다른 경우가 종종 있다는 사실이니까요. 아마 A는 동료들이 "팀장님은 책 싫어하시잖아요."라고 말하면 화들짝 놀라지 않을까요.

우리는 어쩌면 자기 자신을 생각보다 잘 모른 채 살아가는지 모릅니다. 사회생활을 하면서는 일종의 가면을 쓰면서 살다 보니 더 헷갈리게 되었어요. 나는 어떤 사람인가를 깊게 들여다보는 자기 인식Self-Awareness이 중요한 화두로 떠오른 이유입니다. 특히 다른 사람의 기대에 휘둘리기 쉽고 구성원의 삶에 영향을 미칠 수 있는 팀장은 '자신이 알고 있는 나'와 '상대방이 알고 있는 나'를 제대로 인지하는 게 더욱 중요합니다.

자기 인식, 특히 리더의 자기 인식은 다루는 범위가 워낙 넓고 다양해서 며칠 동안의 워크숍을 통해 탐색해보기도 합니다. 개인 가치 평가, 직업 가치관 평가, 클리프턴 강점 검사, BIG5 성격 검사, 에니어그램 검사 등 방식도 다양하니 가능하면 온라인으로라도 직접 검사를 받아보시길 추천합니다.

여기서는 팀장이라면 꼭 한번 생각해봐야 할 몇 가지 중요한 관점을 살펴보려고 해요. 자기 인식 이론을 기반으로 한 소통 모형인 '조하리의 창Johari's Window'이라는 도구를 활용해서 말이죠. 두 명의 심리학자인 조지프 루프트Joseph Luft와 해리 잉햄Harry

Ingham이 개발한 모형인데 다음과 같이 네 가지 영역으로 나누어 사람을 분석합니다.

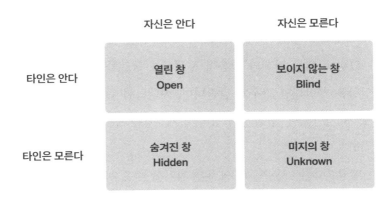

자신이 인지하는 나와 타인이 인지하는 나를 구분해서 생각해보는 것은 자기 인식의 좋은 출발점입니다. 위 표에 보이는 네 가지 창을 구체적으로 살펴보겠습니다. 다만 나 자신도 알고 타인도 아는 '열린 창^{Open}'은 명쾌한 영역이니 넘어가고, 나머지 세 영역을 하나씩 들여다보겠습니다.

나는 모르지만 다른 사람들은 안다 : 보이지 않는 창

보이지 않는 창^{Blind}은 흥미로운 영역입니다. "내가 그런다고?" 하고 사람들을 당황하게 만드는 대표적인 영역이거든요. 팀장들은 '나는 이런 사람이다' 하고 굳게 믿고 있는 자아상이 있을 거예요. 나는 솔직한 커뮤니케이션을 좋아한다, 회의가 길어지는 건 질색이다, 결과보다 태도를 중시한다, 사소한 디테일까지 챙기는 걸 싫어한다, 뒤끝이 없는 편이다, 성과만 낸다면 어떤 방식으로 일하든 상관하지 않는다는 식으로 말입니다.

그런데 팀장 자신의 믿음이 무색하게 동료들, 특히 팀원들의 인상은 정반대인 경우가 많습니다. 왜냐하면 팀장은 본인의 '의도'에 기반해서, 팀원은 팀장의 실제 '행동'에 기반해서 판단을 내리기 때문이죠.

팀장은 다른 사람들의 의견을 경청할 마음을 갖고 있고 수시로 소통 자리를 마련해왔기 때문에 자신이 솔직한 커뮤니케이션을 추구한다고 믿어요. 하지만 팀원들은 지난번에 직언했다가 은근히 불이익을 당했던 경험 때문에 팀장에게 솔직하게 말하면 절대 안 된다는 걸 자기들끼리 공유하고 있습니다.

솔직한 피드백에 의연하지 못한 건 개인의 성품이라 옳고 그름을 논하기 어렵지만, 팀장만 다른 사람들과 다르게 인식하는 상황은 문제입니다. 우리 팀의 커뮤니케이션은 문제가 없다고, 적어도 다른 팀보다는 상황이 훨씬 낫다고 여기면 앞으로도 개선할 이유나 동기도 없어지니까요. 상황이 곪아서야 비로소 알게 될 우려도 있지요.

이처럼 팀장과 팀원이 서로 다른 생각을 하는 간극을 어떻게 메우면 좋을까요? 제일 좋은 건 팀원으로부터 솔직한 피드백을 받는 겁니다. 제대로 이뤄지기만 한다면 그 이상 좋은 방법은 없어요. 문제는 우리나라 직장 문화에서 과연 얼마나 솔직한 피드백을 주고받을 수 있느냐 하는 겁니다. 팀장 역시 해명하고 싶은 방어적인 마음을 억누르기 힘들 거고요.

두 가지 차선책이 있습니다. 첫째는 다른 팀으로 인사 발령이 났거나 퇴사하는 팀원에게 물어보는 겁니다. 솔직한 의견을 들을 수 있는 절호의 기회니까요. 소위 때려치우고 나가는 팀원의 의견을 들을 때는 마음의 각오를 단단히 하셔야겠죠.

나는 멘탈이 개복치 같다는 분께는 두 번째 방법을 권합니다. 스스로에게 하는 질문을 통해 우선순위 가치관을 가려내는 방식입니다. **'나는 A를 원한다. 비록 B를 감수하더라도'**라는 문장을 사용해보세요. A는 중요하다고 믿는 가치관, B는 반대급부가 되는 부정적인 결과입니다. 한번 대입해볼게요.

- 나는 솔직한 커뮤니케이션을 좋아한다.(A) 비록 면전에서 비난받는 상황을 종종 감수하더라도.(B)
- 나는 사소한 디테일까지 챙기는 걸 싫어한다.(A) 설사 팀원 결과물의 디테일이 예상과 달라 거슬리더라도.(B)
- 나는 성과만 낸다면 팀원이 어떤 방식으로 일하든 상관하지 않는다.(A) 비록 근무 중에 게임을 하더라도.(B)

B 자리에 대입한 내용에 큰 거부감이 든다면 A 가치관은 생각보다 확고하게 추구하는 가치가 아닌 겁니다. 더 중요하게 여

기는 가치가 따로 있는 거예요. 이래서 자기 자신을 정확히 아는
게 중요합니다. 팀원들이 보는 건 '나는 이런 사람이야'라고 믿
는 팀장의 생각이 아니라 실제 행동이기 때문이죠.

나는 알지만 다른 사람들은 모른다 :
숨겨진 창

높은 성과를 위해 팀원들을 다그친다는 평을 듣는 홍 팀장이 있
습니다. 팀원들은 팀장이 성과만 신경 쓴다고 불만이지만, 사실
홍 팀장의 마음은 다릅니다. 성과를 중요하게 생각하는 건 맞지
만, 본인은 A나 B 정도만 받아도 만족하는 사람이거든요. 하지만
S를 받으려고 애쓰는 이유는 팀원들 때문입니다. 이 회사의 고과
평가 시스템은 상대 평가라서 모든 구성원이 A부터 D까지의 고
과를 골고루 나눠 가져야 합니다. 이때, S를 받은 팀의 구성원에
게는 적어도 B 이상의 고과를 주는 게 암묵적인 규칙입니다.

팀장은 연말에 팀원의 얼굴을 보며 "당신은 C입니다."라고 말
하는 일이 괴로워서, 어떻게 해서든 팀 고과를 잘 받고 싶어 합
니다. 혹자는 이 역시 팀원을 위해서라기보다 팀장 자신이 싫은
소리를 하고 싶지 않아서 그런 것 아니냐고 말할 수 있지만 적어
도 성과에 눈이 멀어서 하는 행동은 분명히 아닙니다.

팀장은 상위 리더나 경영진으로부터 사실과 다른 오해를 받기도
합니다. '저 팀장은 멘탈이 튼튼해서 웬만한 말에는 상처받지 않

아', '신규 사업 TFT? 그건 ○○ 팀장 시켜. 야망이 있어서 힘든 프로젝트 주면 오히려 더 좋아해', '그 팀장은 앞에 나서는 걸 싫어해서 총괄보다는 지원 업무를 맡기는 게 좋을 거야', '저 팀장은 아침형 인간이라서 아침 일찍 하는 회의를 선호해', '어린 자녀가 있어서 승진하면 부담스러워할 걸' 등등.

정작 나 자신은 동의할 수 없는, 사실이 아닌 모습을 '나의 모습'이라고 상대방이 굳게 믿습니다. 나중에는 본인조차 헷갈리는 지경이 돼요. 자신을 숨기고 타인의 기대에 맞춰서 행동하다가 번아웃이 오기도 합니다.

고착 상황에 빠진 팀장들에게 이 분야의 전문가들이 공통으로 입을 모아 추천하는 방법이 있습니다. 바로 '솔직하게 드러내라'는 겁니다. 지금 표현하는 수준이 1~2이고, 모든 걸 오픈하는 게 10이라면 일단 5를 목표로 표현의 폭을 넓혀보세요.

성과 지상주의자라는 오해를 받는 홍 팀장이 팀원들에게 솔직하게 말하면 어떤 일이 벌어질까요? 팀 고과에서 S를 받지 못하면 팀원 중 누군가는 C를 받을까 걱정이라고, 이 때문에 불안해진다고 말하는 겁니다. 손해 볼 건 조금도 없을 거예요. 팀원 역시 동의한다면 기존의 오해를 바로잡고 함께 파이팅을 외칠 거고, 동의하지 않는다면 말해줄 테니까요. "팀장님, 저희는 지금처럼 성과를 추구하는 방식이 부담스러워요. S 고과 대신 A를 목표로 하면 어떨까요? 물론 우리 중 한 명이 C를 받을 수 있지만, 아닐 수도 있잖아요. 혹시 그런 일이 생기더라도 팀장님을 원망하지 않을게요."

자신을 아침형 인간이라고 오해하며 조찬 행사를 전담으로 맡기려는 임원에게는 본인의 미라클 모닝 적정 시간은 사실 9시 이후라고 말해주세요. 고되고 힘든 프로젝트를 연달아 맡기려는 경영진에게 1년에 두 개는 무리라고 말해주세요. 앞에 나서는 걸 싫어할 테니 뒤에서 지원 업무만 하라는 상사에게 이번에는 총괄 역할을 맡고 싶다고 말해보세요.

상대방이 들어줄 수도, 아닐 수도 있습니다. 하지만 말하지 않으면 어떻게 알겠어요. 남의 고정관념을 일일이 고쳐줄 수는 없겠지만 최소한 잘못된 생각이 일파만파 퍼지는 건 막아야 합니다. 내가 아닌 모습으로 계속 살아갈 수는 없으니까요.

나도 모르고 다른 사람들도 모른다 : 미지의 창

나도 모르고 남도 모른다면 결국 세상 누구도 모르는 영역이니 의미가 있을까 싶겠지만 사실 그렇지 않습니다. 자신도 남도 잘 모르지만 의외로 중요한 나의 모습이 존재하기 때문입니다. 아직 계기가 없어 드러나지 않았을 뿐이죠.

제가 아는 분의 이야기를 들려 드릴게요. 그분은 연구와 분석, 기획과 글쓰기 등 주로 혼자서 공부하고 통찰력을 발휘하는 업무에 강점이 있었습니다. 본인도 그렇게 알고 있고 다른 사람들도 다 그렇게 생각했어요. 실제로 성과도 매우 좋았고요.

그러던 어느 날, 갑자기 새로운 TFT로 차출되는 일이 생겼습니다. 그곳에서도 처음에는 기획과 자료 분석을 담당했지만, TFT가 어디 그렇게 흘러가나요. 해당 업무 비중은 점점 줄고 다양한 외부 기관과 협의해야 하는 일이 주가 되었습니다. 게다가 TFT 구성원 중 고참 격이었던 터라 가장 까다롭고 힘든 파트너를 맡아야 했습니다. 예상대로 스트레스를 받으며 힘들어하더군요. 초반에는 외부로 전화하는 것조차 겁이 나서 저에게 대신해달라고 부탁하던 사람이었으니까요.

그런데 웬걸. 생각보다 괜찮게 하는 거예요. 물론 맨날 힘들다 힘들다 하소연했지만 말이죠. 이후로 그 사람의 커리어 방향은 확 바뀌었습니다. 연구 조사 분야로는 A급이었지만, 외부 기관과 협업하는 능력은 S급이었다는 걸 알게 되었거든요.

저 역시 일하면서 새롭게 발견하게 된 '나'가 많습니다. 경험과 연차가 쌓이면서 생각이 바뀐 면도 많고요. 만약 20대의 제가 타임머신을 타고 와서 현재의 저에게 '너는 이런 사람이야. 저런 특성이 있어. 따라서 이런 방향이 확실히 맞아'라고 말한다면 입을 떡 벌리고 바라볼 거예요. 절반은 말도 안 되는 헛소리라고 여길 걸요.

그러니 바운더리를 너무 제한하지 마세요. 평소 관심 없었거나 좋아하지 않다고 여겼던 영역에도 조금씩 도전해보세요. 팀장이 된 건 좋은 기회입니다. 새로운 일에 전면적으로 뛰어드는 것은 부담스럽더라도 그 업무를 맡고 싶어 하는 팀원을 통해서나 해당 업무를 하는 다른 부서와 협업하는 방식으로 간접 경험을 해볼 수 있습니다. 누가 알겠어요. 전혀 안 맞는다고 생각했던 그 일이 당신의 커리어를 뒤바꿀 결정적인 계기가 될지.

요약

- 실제 나의 행동, 그리고 대가를 감수하고라도 추구하는 가치가 진짜 나의 모습이다.
- 나에 대한 오해를 바로잡기 위한 최선의 방법은 '솔직하게 드러내는 것'이다. 표현하지 않으면 어떻게 알겠는가.
- 나조차 몰랐던 취향과 재능이 있을 수 있다. 제한하지 말고 도전해보자. 의외의 인생 재능을 발견할지도 모른다.

Q.

"십 년 전의 나와 현재의 내가 다르다면
지금의 모습도 얼마든지 바뀔 수 있지 않을까?"

사랑받는 팀장은
목표가 아니다

밑 빠진 독에 물 붓기 같은
마음이 들 때

팀장이 번아웃을 겪는 이유는 에너지가 소진되었기 때문입니다.
마음이 지쳤거나, 몸이 지쳤거나, 또는 두 가지가 함께 겹쳐 오는
날에는 '이제 그만!'이라는 마음이 들 수밖에 없어요.

"주변에서 끊임없이 요구만 해요."
"최선을 다해도 고맙다는 말은커녕 당연하게 생각해요."
"마음을 나누고 힘들 때 의지했던 팀원이 이직했습니다. 퇴사
2주 전에 일방적으로 통보하더라고요."

"팀원이 잘못했을 때 제가 방패막이가 돼서 막아줬는데 도리어 뒤에서 제 험담을 퍼트리고 다닙니다."

"아무리 원온원을 하고 지원을 해도 도무지 바뀌지 않아요. 오히려 저더러 마이크로매니징한다고 비난하더라니까요."

좋은 팀장이 되려고 최선을 다했는데도 불구하고 팀원들이 부정적으로 반응한다면 아무리 멘탈이 강한 팀장이라도 마음을 다치게 됩니다. 팀장 본인이 경험한 나쁜 팀장들보다 훨씬 더 팀원에게 마음을 쏟으며 잘해준다고 믿었는데 모든 노력이 수포가 된 느낌이 들 거예요. 그냥 실무자로 돌아갈까, 아니면 괜한 오지랖 부리지 말고 예전 팀장들이 했던 것처럼 일방적으로 업무를 통보하고 결과물 가져오는 것만 신경 쓸까, 여러 생각이 오갑니다. 이 와중에 상사에게 안 좋은 소리라도 듣는 날에는 책임감으로 버티던 한 줌의 의욕마저 바닥으로 가라앉습니다.

팀장 중 다수는 성취 욕구가 높은 사람들입니다. 하기 싫다고 불평하면서도 결과물이 잘 나오도록 누구보다 신경 쓰고, 다른 사람들의 인정과 칭찬에도 민감한 편입니다. 그러다 보니 칭찬과 격려보다 불만을 더 많이 듣는 팀장 직책을 맡았을 때 감정적으로 받는 타격은 꽤 묵직합니다.

지쳐 있는 팀장들께 아들러 심리학의 유용한 조언인 '과제의 분리'를 말씀 드리고 싶습니다. 나의 과제와 상대방의 과제를 구분한다는 뜻인데, 우리가 할 수 있는 것과 할 수 없는 것을 구분해서 볼 수 있도록 도와줍니다. 아래의 질문을 통해서 말이죠.

이것은 누구의 과제인가?
나의 과제인가, 아니면 상대방의 과제인가.

팀원의 과제에
팀장이 안달복달하면 안 되는 이유

비슷한 업무 실수를 반복하는 팀원이 있다고 해보겠습니다. 팀장은 팀원과의 원온원에서 근본적인 문제 원인을 파악하고, 개선할 수 있는 몇 가지 방법을 찾아냈습니다. 앞으로 몇 주 동안 옆에서 함께하면서 나아지도록 돕겠노라 약속했지요.

팀원의 문제 행동은 바뀌었을까요? 글쎄요. 그럴 수도, 아닐 수도 있습니다. 팀원은 도와준 팀장에게 고마워할까요? 이것 역시 그럴 수도, 아닐 수도 있습니다. 문제 행동 코칭의 결과는 네 가지 중에 하나로 나타납니다.

① 문제 행동을 고친다. + 도와준 팀장에게 고마움을 느낀다.
② 문제 행동을 고친다. + 팀장 잔소리에 짜증을 느낀다.
③ 문제 행동이 그대로이다. + 팀장에게 미안함을 느낀다.
④ 문제 행동이 그대로이다. + 팀장 잔소리에 짜증을 느낀다.

팀장은 이 중에서 원하는 걸 선택할 권한이 없습니다. 노력으로 좋은 결과가 나올 수 있는 확률을 다소 높일 수는 있지만, 여전히 최종 결과는 무작위로 나타납니다. 왜 그럴까요? 이것은 팀장이 콘트롤할 수 없는 상대방, 즉 팀원의 영역이기 때문입니다. 팀장의 조언대로 업무를 개선하는 것, 리더의 노력에 고마움을 느끼는 것 모두는 전적으로 팀원의 선택입니다. 팀장의 영역은 문제 행동을 가진 팀원에게 사실을 알려주고 개선할 수 있도록 도와주는 것까지입니다. 이걸 과제의 분리라고 부릅니다.

팀원이 고치든 말든 내버려두거나 포기하라는 뜻이 아닙니다. 꾹 참기만 하라는 것도 아니고요. 사람이라는 존재는 지점토처럼 원하는 모양으로 만들 수 없다는 사실을 담담하게 받아들이라는 것뿐입니다. '왜 내 말대로 움직이지 않지?', '왜 내가 표현한 마음만큼 돌려주지 않아?'라고 애태우거나 화를 낸다 한들 상황은 달라지지 않으니까요. 우리의 마음만 괴로울 뿐이고, 관계마저 위태로워질 수 있습니다. 심지어 업무마저도요.

최선을 기대하되 상대방이 받아들이지 않는다면 그건 그들의 영역임을 받아들입시다. 안달복달한다고 해서 바꿀 수 없으니까요. 팀장이 할 수 있는 영역, 즉 과제는 본인의 마음과 행동뿐입니다. 팀원을 미워하며 마음을 전쟁터로 만들지, 상대방의 결점 대신 다른 장점을 보면서 계속 함께 일할지, 아니면 헤어질지는 정할 수 있습니다.

상대방의 '팀장다움' 기대에
휘둘릴 필요가 없는 이유

반대 상황도 마찬가지입니다. 팀장 역시 팀원이나 상위 리더의 기대를 충족시켜주기 위해 안달할 필요가 없습니다. 물론 업무 성과를 내고 팀원의 성장을 돕기 위해 가능한 한 최선을 다해야 겠지요. 하지만 팀장을 향한 위아래 다양한 사람들로부터 쏟아 지는 모든 기대와 이상에 너무 휘둘릴 필요는 없습니다.

예를 들어, 업무상 큰 잘못을 저지른 팀원이 있다고 해볼게요. 그 팀원은 팀장이라면 잘못한 상황에서도 팀원을 감싸주고 비난 을 막아줘야 한다고 믿고 있습니다. 하지만 팀장은 단순 실수 이 상의 큰 잘못을 저질렀으면 합당한 징계를 받는 것이 공정하다 고 생각하는 사람입니다. 징계 위원회가 열린다는 소식을 들은 날, 팀원은 팀장에게 날이 선 원망을 쏟아냅니다.

팀원 : 제가 잘못한 건 인정하지만 감싸주지는 못할망정 본부 장님께 일러서 일을 키우시다뇨. 팀장님이 이렇게 뒤통수를 치 는 분인지 몰랐어요. 어떻게 그러실 수가 있어요!

팀장 : 왜 제가 그렇게 큰 잘못을 감싸줄 거라고 생각했죠?

팀원 : 팀장이면 당연히 그래야 하는 거 아닙니까!

팀장 : …. 그건 ○○님의 생각일 뿐이잖아요.

팀장은 팀원이 생각하는 '팀장다움'에 부응해줄 의무가 없습니다. 팀장 역시 고유의 성향과 가치관이 있으니까요. 때로는 팀원의 기대와 잘 맞겠지만, 어떨 때는 어긋날 겁니다. 팀원이 자신의 가치관대로 행동하지 않는다고 팀장을 원망하는 건 우리가 관여할 수 없는 상대방 팀원의 과제입니다.

팀원이 자신의 기대와 다르다며 팀장을 원망할 때, 상위 리더가 도무지 동의할 수 없는 요구를 팀장의 당연한 업무라며 강요할 때, 마음속으로 아들러의 조언을 떠올려주세요. '이건 나의 과제인가, 아니면 상대방의 과제인가?'를 이성적으로 생각해보는 겁니다. 자신의 과제가 아니라면 담담하게 본인의 생각은 다르다고 말씀해주시면 됩니다.

팀원에게 인기 있는, 상위 리더의 최애가 되는 팀장은 되지 못할 수도 있지만, 우리는 그러기 위해 일하는 게 아니니까요. 우리의 과제는 일터에서 상대방의 기대에 휘둘리지 않으며 자신의 역할에 충실하게 사는 것, 그리고 때때로 발생하는 팀원이나 상사의 미성숙한 감정에도 어른스럽게 대처하는 것뿐입니다.

요약 _____

- 이것은 누구의 과제인가? 상대방의 과제를 나의 과제처럼 여기는 순간 마음이 괴로워지고 관계와 업무마저 위태로워진다.
- 팀장의 과제는 팀원에게 최선을 다하고, 조언하고 도와주는 것까지이다. 그다음은 팀원의 몫이자 과제이다.
- 사랑받는 팀장이 목표가 되면 곤란하다. '팀장이라면 이래야지' 하는 상대방의 기대와 과제를 성숙하게 거절하자.

_____ Q. _____

"나는 **타인의 반응**에
너무 **의미**를 두고 있지는 않은가?
내가 원하는 평판을 위해
무리하고 있지는 않은가?"

전문성을 꾸준히
키워나가려면

실무 업무도,
관리 업무도 고민

대부분의 팀장은 실무형 리더입니다. 실무자와 관리자의 역할을
동시에 하고 있다는 뜻입니다. 예전에는 연차가 20년쯤 되었을
때 팀장이 되고, 일단 팀장 직책을 맡으면 실무에서는 손을 떼고
관리 업무에만 집중했습니다. 이제는 상황이 달라졌어요. 팀장이
되는 시기도 빨라졌고, 지시와 검토만 해도 괜찮은 시대가 아닙
니다.

요즘 팀장의 고달픔이 여기에 있습니다. 분명히 팀장인데, 여
전히 실무의 상당 부분을 맡고 있습니다. 게다가 관리자의 역할

까지도 잘 수행해야 하니 정신이 어질어질합니다.

실무에서 벗어나면 마음이 편할 것 같지만 꼭 그렇지도 않습니다. 우리 중 대부분은 팀장, 임원, 경영진으로 이어지는 관리자 트랙을 밟으며 30년 일할 수 있는 게 아니잖아요. 현업의 감이 뒤떨어진 상태로 회사 밖을 나가는 것도 불안한 일입니다. 그렇다면 팀장을 그만두고 실무자로 돌아가는 게 현명할까요? 아닙니다. 일부 분야를 제외하고는 팀 단위의 매니징조차 안 되는 고연차 실무자가 설 곳은 그다지 많지 않습니다.

팀장이 되는 건 커리어 성장의 매우 좋은 기회입니다. 실무형 리더를 부정적인 관점에서 보면 이것 저것 다 해야 하는 고단한 역할이지만, 달리 생각하면 현업의 감을 유지한 상태로 다른 사람과 협업해서 결과물을 내는 매니지먼트 업무까지 해낼 수 있는 사람이라는 뜻입니다. 그러니 팀장이라면 실무 감각도, 관리 감각도 둘 다 살아 있는 게 좋습니다. 바쁜 팀장이 두 가지 감각을 모두 유지하고 경쟁력을 키우려면 어떻게 해야 할까요?

실무 감각 키우기 : 직접 주도하는 프로젝트를 만들자

팀장 본연의 역할인 관리 업무에 우선순위를 두되 실무 감각도 계속 유지할 방법은 없을까요? 제가 권하고 싶은 방법은 1년에 한두 개의 업무는 팀장이 직접 PM^{Project Manager, Product Manager}이 되어 업무를 주도적으로 이끄는 것입니다.

일반적으로 팀장은 주 담당자인 팀원의 업무 방향을 잡아주고, 진행 상황을 점검하며, 문제를 해결하는 식으로 일합니다. 하지만 해당 프로젝트만큼은 팀장이 직접 PM이 되어 주도합니다. 실제 업무는 팀원들의 지원을 받겠지만 주 담당자와 최종 책임자 모두 팀장입니다. 팀장이 PM이 될 프로젝트는 팀 핵심 업무 중에서 고르거나 상위 리더의 프로젝트에 참여하는 방식으로 선정하면 됩니다.

팀의 핵심 업무 중에서 선정하기

어떤 부서든 중요한 핵심 업무가 있습니다. 생산팀, 개발팀, 디자인팀, 물류팀, 엔지니어팀, 데이터분석팀, 연구팀, 마케팅팀, 조직문화팀 등 다양한 팀들에는 결정적이고 핵심적인 업무라고 여겨지는 일이 평균 다섯 개 내외로 있습니다.

이중에서 상반기와 하반기에 각각 PM을 맡을 프로젝트를 하나씩 골라보세요. 매년 다른 분야를 선택하면 더 효과적입니다. 실제로 PM을 하다 보면 기존에 팀원으로부터 보고받으며 일했던 것과 다른 점을 실감할 수 있을 겁니다. 팀원이 1차 조사와 검토를 마친 이후에 받아보는 정보는 깔끔하게 정돈된 대신 생략되거나 왜곡된 부분이 있을 수밖에 없습니다. 또, 실제로 현장에 나가보면 1~2년만 지나도 많은 게 달라졌다는 걸 느낄 겁니다.

PM 경험은 팀장의 실무 감각을 키워줄 뿐 아니라 관리 업무도 더 잘할 수 있게 도와줍니다. 팀원이 업무를 보고할 때 얼마 전에 경험한 내용을 바로 떠올릴 수 있으므로 "아, 그 단계가 문제란 말씀이군요. 저도 지난번에 비슷한 걸 느꼈습니다." 같이 높은 이해도를 갖고 논의할 수 있습니다.

상위 리더의 프로젝트에 참여하기

앞에서 언급했던 기업 '달콤한 일상'의 신규 시장 진출 같은 상황을 떠올려보세요. 기업 전체 차원의 중요한 프로젝트이기 때문에 경영진 주도하에 일이 진행되고 생산팀 팀장은 주요 팀원 격으로 참여하게 됩니다. 그런데 어떤 팀장은 경험 많은 실무자에게 총괄을 맡기고 본인은 검토와 지원만 하려고 합니다. 그러시면 곤란합니다. 일단 경영진도 달가워하지 않을 거고요, 귀중한 실무 경험을 쌓을 기회를 스스로 날리는 셈이기 때문입니다.

예컨대 제품도 패키징도 다 달라져서 생산 공정에 대대적인 변화가 생기는 상황은 자주 오는 게 아닙니다. 이때 새로운 단가와 설계 변경을 통해 생산 라인을 성공적으로 바꿔보는 경험 역시 생산팀장 중 아무나 할 수 있는 게 아닙니다. 당연히 중요한 경력이 되겠지요. PM으로 중요한 프로젝트를 직접 총괄해본 경험은 현재 회사에서든, 이직한 곳에서든, 창업해서든, 비슷한 상황이 발생했을 때 자신 있게 일을 진두지휘할 수 있게 도와줍니다.

관리 감각 키우기 :
현재 팀을 제로에서 다시 만들 수 있는 사람이 되자

회사에서 일하던 시절, 저는 경영진 회의에서 문득 깨달은 게 있습니다. 왜 임원들이 높은 연봉을 받는가에 대한 답을 얻은 것인데요. 만약 지금 회사의 건물과 구성원이 한순간에 사라지게 된 경우를 상상해봤습니다. 설사 그런 일이 생기더라도, 여기 모인 열 명도 안 되는 사람만 있으면 2년 안에 거의 똑같은 모습으로 재건할 수 있겠다는 생각이 들었습니다. 기업의 방향과 핵심 업무를 정확히 알고 있는 사람들의 모임이니까요.

실무형 팀장으로서 제대로 활약하고 있는지를 점검할 수 있는 유용한 질문이 있습니다. 만약 지금의 팀원들이 일순간에 모두 사라지고, 팀장인 본인만 남아 새롭게 팀을 재건해야 하는 상황을 상상해보세요. 그 상황에서 1년 안에 팀 정비를 끝내고, 2년 안에 지금의 수준으로 올려놓을 자신이 있으신가요?

이 질문이 의미가 있는 이유는 실무형 리더의 경쟁력은 바로 '팀 단위의 업무를 완성형으로 할 수 있는 역량'이기 때문입니다. 어떤 역량을 가진 사람을 채용해야 하는지, 업무는 구체적으로 어떻게 진행해야 하는지, 팀원들은 어떻게 교육하고, 상위 리더는 어떻게 설득해야 하는지 실무형 리더는 잘 알고 있습니다.

위의 질문에 자신 있게 대답할 수 있다면 계열사에 파견되어 새로운 팀을 개척할 때도, 다른 회사에 이직해서 팀의 역량을 끌어올릴 때도, 핵심 팀원들이 갑자기 빠져나가서 업무가 휘청거릴 때도, 창업해서 사업을 시작할 때도 흔들리지 않을 겁니다.

지금은 꽤 좋은 성과를 내는 팀장이라도 앞서 질문에 자신 없다는 생각이 든다면 조금 고민이 필요해보입니다. 현재 성과 중 상당 부분이 어쩌면 탁월한 본부장, 알아서 잘하는 뛰어난 팀원, 조직의 시스템 덕분일 수도 있거든요. 물론 모두 좋은 것들이지만, 아시다시피 일터에서 행운이 계속 이어지지는 않잖아요.

관리 감각을 키우기 위해서 '현재의 팀을 그대로 다시 만들 수 있는' 능력을 키우는 데 집중해보세요. 어디서나 본인 몫을 다할 수 있는 팀 관리자가 될 수 있도록 도와줄 겁니다.

요약 _____

- 실무형 리더는 실무의 감을 유지한 상태로 다른 사람과 협업해서 결과물을 만들어내는 매니징까지 해낼 수 있는 사람이다.

- 실무 감각을 유지하는 방법은 1년에 한두 건은 팀장 본인 주도로 업무를 진행하는 것이다. 지원할 때와 다른 차원의 배움이 있다.

- 실무형 리더의 경쟁력은 '팀 단위의 업무를 완성형으로 할 수 있는 역량'이다. 아무것도 없는 상태에서도 지금의 팀 수준으로 2년 안에 끌어올릴 수 있어야 한다.

Q.

"새로운 조직에 파견되어, 또는 창업해서
아무것도 없는 상태에서 시작한다면
나는 지금의 팀을 다시 만들 수 있을까?"

Chapter 10

시행착오를
모두 겪을 필요는 없으니까

어떻게 하면 가짜 일을
줄일 수 있을까?

시간 관리의 기본은 중요한 일에
집중력을 발휘하는 것

시간 관리를 위한 다양한 조언과 노하우가 인기입니다. 25분간 집중한 후 쉬는 방식을 반복하는 포모도로 기법도 있고, 매일의 하이라이트 일을 정해서 집중하는 구글벤처스의 메이크 타임 방식도 있습니다. 집중력을 높이고 몰입에 이르는 방법을 알려주는 책과 강연도 넘쳐납니다. 저마다 방식은 다양하지만, 결국 지향하는 바는 비슷합니다.

'어떻게 하면 중요한 일을 미루지 않고 먼저 할 수 있을까?'

'어떻게 하면 산만하지 않고 집중할 수 있을까?'

시간 관리 기술은 저의 전문 분야는 아니지만, 특별히 팀장의 시간을 효율적으로 관리하는 비결에 대해서는 드릴 말씀이 있습니다. 그렇잖아도 바쁜 팀장의 시간을 잡아먹는 의외의 복병들을 다루는 노하우, 그리고 팀장이 중요한 일에 더 많은 시간과 에너지를 쏟게 하는 노하우는 무엇인지 살펴보겠습니다.

팀원의 고생에 가산점을 줄수록
업무량은 폭증한다

우리는 힘들게 일할수록, 투입량이 많을수록 가치가 올라간다고 평가하는 경향이 있습니다. 얼핏 당연한 듯한 이 관점은 종종 팀에 부작용을 가져옵니다. '고생한다 = 열심히 일한다'로 착각하는 바람에 팀 자원을 낭비하는 팀장들이 많기 때문입니다.

물론 팀원의 노력은 중요하고 가치 있는 일입니다. 하지만 팀장이 성과가 아닌 노력, 특히 고생에 가산점을 부여하면 팀에는 잘못된 신호가 퍼집니다. '팀장은 우리가 고생하는 모습을 높이 평가하는 구나.'라고 눈치채는 순간, 팀은 팀장이 원치 않는 방향으로 움직일 수 있습니다.

예컨대 이런 식입니다. 굳이 하지 않아도 되는 일을 만들어 정성스럽게 하는 거죠. 고객에게 이메일로 보내도 되는 제안서를 출장 가서 직접 설명합니다. 중간 과정의 협의도 꼭 만나서 진행하고요. 또는, 고객 선물용 포장 상자 고작 10개를 구매하기 위해 포장재를 도매로 판매하는 방산 시장까지 갑니다. 그러고는 일이 많아서, 고객이 까다로워서, 다른 부서가 협조하지 않아서 어렵다는 고충을 팀장에게 쉴 새 없이 토로합니다.

이럴 수가. 업무 효율화와 완전히 동떨어진 팀 문화가 만들어졌어요. 하지만 어쩔 수 없습니다. 팀장이 가치를 부여하는 방향에 따라 팀원들이 영리하게 행동한 결과인 걸요.

팀장은 인풋 대비 아웃풋이 좋은, 즉 성과 ROI^Return On Investment 가 높은 업무에 박수를 쳐줘야 합니다. 만약 똑같은 성과를 냈다면 인풋이 더 적었던 사람을 인정해줘야 해요. 하지만 이성적인 생각과 달리 팀장의 행동은 다르게 나타납니다.

여기 두 명의 팀원이 있습니다. A 팀원은 뉴스를 검색하다 주요 거래처가 관심을 보이는 새로운 사업을 알게 됐어요. 그리고 일주일 동안 그 새로운 사업과 관련한 맞춤형 제안서를 만들어 거래처에 제안한 뒤 1억 원짜리 계약을 따냈습니다.

B 팀원은 새로운 거래처의 계약을 성사시키기 위해 3개월 동안 전국을 돌아다녔고, 더운 날씨에 탈진하여 링거를 맞기도 했습니다. 결국 1억 원짜리 계약을 따냈죠.

두 명의 팀원 중에서 과연 누구에게 더 높은 고과를 주어야 할까요? 사실 고민할 필요조차 없는 문제이죠. 당연히 A 팀원입니다. A 팀원은 일주일을 투자해서 1억 원을, B 팀원은 3개월을 투자해서 1억 원의 성과를 가져왔으니까요.

그런데 말이죠. 팀장의 마음은 복잡하게 흘러갑니다. A 팀원의 성과는 어쩌다 얻어걸린 운 같고, 고군분투한 B 팀원의 성과야 말로 진짜배기라고 여겨집니다. 결국 B 팀원에게 더 큰 보상(고과, 승진 등)을 주는 일이 꽤 많습니다.

물론 팀원의 업무 과정은 죄다 무시하고 오직 결과만 보라는 의미는 아닙니다. 팀원이 힘들게 일할수록 가치가 올라간다고 여기는 마음을 의식적으로 경계해야 한다는 뜻입니다. 팀원의 고생, 야근, 주말 출근, 링거 투혼, 다크서클 등을 팀장이 흐뭇해할수록 팀이 비효율적으로 움직이기 시작하거든요. 당연히 팀장의 업무도 덩달아 폭증합니다.

이미 했던 업무를 반복하느라
시간을 낭비하진 않는가?

팀원이 일주일 동안 고생해서 자료를 만들었다고 가정해봅시다. 그런데 전임자가 이미 1년 전에 똑같은 자료를 만든 적이 있거나 다른 부서에서 비슷한 내용의 자료를 갖고 있다면요? 기존 자료들을 기반으로 두 시간 정도만 업데이트하면 충분했을 업무를 일주일 내내 붙잡고 있었던 겁니다. 다시 말해서 그 팀원은 일주일을 투자해서 두 시간짜리 결과물을 만든 셈입니다. 마이너스 투자도 이런 마이너스 투자가 없네요.

업무 매뉴얼과 레퍼런스를 탄탄하게 갖춘 팀은 '가짜 일'을 하는 시간을 줄일 수 있습니다. 글로벌 컨설팅 기업 맥킨지는 모든 프로젝트를 데이터베이스화하여 신입 사원이라 해도 바로 업무에 투입될 수 있도록 한다고 합니다. 이런 시스템과 업무 레퍼런스가 아직 미흡한 조직이라면 다음과 같이 그라운드룰을 정하는 것부터 시작해보면 어떨까요?

○○팀 그라운드룰

Rule 01. 업무 시작 전에 먼저 찾아봅니다.

- 타 부서, 전임자 등이 비슷한 업무를 진행한 적이 있는가?

- 주제는 달라도 방식이 유사한 전례가 있는가?

- 회사 밖에서 이 일을 해본 사람은 누구일까?

👤 "누군가 했던 업무를 그대로 다시 하기보다, 좀 더 잘할 방법을 찾읍시다. 업무 시작 전에 먼저 기존 사례를 찾아보세요."

더 쉽게 할 방법은
얼마든지 있다

최근에 실제로 경험한 일입니다. 한 페이지 분량의 짧은 원고 의뢰를 받았는데 담당자가 계약서를 써야 한다고 하더라고요. 담당자는 저에게 이메일로 계약서를 보내서 내용을 확인받은 후, 회사 직인을 찍은 실물 계약서를 2부 출력해서 우편으로 보내왔습니다. 계약서 특성상 중간 도장을 찍어야 했는데, 빼 먹는 사람이 종종 있었는지 자세한 설명을 적은 손 편지도 동봉했더군요. 저는 의아했습니다.

'전자계약으로 진행하면 좀 더 효율적일 것 같은데, 매번 이렇게 하려면 일이 너무 많지 않을까?' 곱게 출력해서, 결재를 받고, 투명 파일과 큰 봉투에 넣어서 주소를 몇 번씩 확인한 후 보내는 과정은 번거롭고 신경 쓰이는 일입니다. 등기비도 만만치 않고요. 그런데 한 해에도 몇십 번씩 이 일을 하는 듯했습니다. 저는 그 담당자에게 제가 전자계약을 권유하더라는 내용을 팀장에게 전해달라고 했고, 얼마 후에 전자계약 방식으로 바뀌었습니다.

사실 이 일은 더 간소화할 수도 있다고 생각합니다. 짧은 원고라면 구글이나 네이버 등의 문서 양식을 활용해 한두 페이지짜리 간단한 '동의서' 문서를 만들어 이메일로 컨펌하는 것으로도 충분하지 않을까요? 정성스럽게 계약서를 출력한다고 가치가 커지는 건 아닙니다. 중요한 것은 법적 내용을 사전에 이해하고 공식적으로 동의하는 절차니까요.

혹시 줄이거나 빼고 싶은 업무가 있나요?
혹시 좀 더 쉽게 할 수 있는 방법은 없을까요?

더 쉽게 할 방법은 언제나 있습니다. 어쩌면 팀원들에게는 더 많은 아이디어가 있을지 모릅니다. 팀장이 격려해주면 좋은 효율화 방안들을 생각해낼 거예요. 팀 상황판에 칭찬 피드백도 공개적으로 남기면 더 효과적이겠죠.

'○○님은 해당 방식으로 제안서 작성 시간을 평균 3일에서 8시간으로 줄여주었습니다!👍'

막내 팀원이 간식과 비품을 구매하는 일에 너무 많은 시간을 뺏기고 있다면 간식과 비품 정기구독을 신청해보세요. 요즘 구독 경제는 다양한 서비스들을 내놓고 있답니다. 또, 월말마다 재무 처리로 팀원 한 명이 일주일을 꼬박 사용한다면 최저임금으로만 계산해도 1년에 500만 원 가까이 쓰는 셈입니다. 100만 원짜리 전문 소프트웨어를 도입해서 업무를 줄여주세요. 아니면 크몽 같은 재능 플랫폼에서 전설의 엑셀 고수를 찾아 자동 수식을 적재적소에 넣은 엑셀 파일을 의뢰해서 업무를 줄여봅시다. 그게 오히려 이득입니다. 찾아보면 방법은 얼마든지 있습니다.

눈앞의 업무에 집중하거나
아니면 최선을 다해 빠지거나

팀장은 할 일이 많고 시간은 부족한 삶을 살다 보니 정신이 붕 떠 있기가 쉽습니다. 그래서 본의 아니게 잘못된 습관이 생기기도 합니다. 팀원과 회의할 때 반쯤 딴생각을 하면서 듣고, 다른 팀과의 업무 협조 회의에서는 수시로 휴대전화를 들여다보며 이메일과 메시지를 점검하죠. 퇴근하고 집에 와서도 불쑥불쑥 업무 걱정에 사로잡힙니다.

마음이 언제나 다른 곳에 반쯤 걸쳐져 있는 상태라고나 할까요. 이건 멀티태스킹이라고 부를 수도 없습니다. 그저 산만한 상태니까요. 계속 이런 태도로 일하면 온종일 일하고 주말까지 업무를 연장한다 해도 만족스러운 결과물을 얻기 힘듭니다. 몸과 마음은 빠르게 지쳐가고요.

눈앞의 업무에 의식적으로 집중해주세요. 가만히 있으면 해일처럼 딴생각과 방해물이 몰려오기 때문입니다. 팀원과의 미팅에 집중하기 어렵다면 휴대전화를 방해금지 모드로 바꾸고 조용한 회의실에 들어가는 것도 방법입니다. 다른 팀원에게 급한 일이 생기면 회의실로 알려달라고 부탁하면 되니까요. 팀원 말에 집중하면서 밀도 있게 쓰는 20분은 중간중간 전화 받으면서 점검하는 느슨한 1시간 미팅보다 훨씬 영향력이 있습니다.

다른 팀 프로젝트에 피드백을 위해 참석한 회의라면 수동적인 태도로 시간을 보내기보다 이왕이면 '우리 ○○ 팀원이 저 프로젝트를 한다면?' 또는 '내가 저 팀의 팀장이 된다면?' 하는 마음으로 성의 있게 참여해주세요. 만약 시간을 쓰는 것 자체가 아까운 회의라면 반드시, 최선을 다해 불참해야 합니다.

퇴근 이후에 자꾸만 업무 생각이 떠오른다면 '지금은 일 생각할 시간이 아니야. 내일 9시부터 열심히 고민해보자!'라고 의식적으로 생각을 끊는 연습을 해보세요. 혹시라도 마침 기억난 중요한 일을 놓칠까 봐 걱정이라면 업무 메모장이나 업무 상황판에 간단하게 적어두면 됩니다. 내일의 내가, 월요일의 내가 잊지 않고 잘 처리할 겁니다.

요약 ────────────────────

- 고되게 했다고 가치가 커지는 게 아니다. 팀장이 '팀원의 고생'에 가산점을 주는 순간 업무량이 폭증한다.
- 이미 누군가 했던 업무를 다시 하는 것, 더 쉽게 할 수 있는데 관성대로 하는 것 등은 전형적인 가짜 업무이다.
- 현재 눈앞의 업무 대신 과거나 미래 어딘가를 헤매고 있는 행동은 시간의 가치를 90% 할인가로 폭락시킨다.

──────────── **Q.** ────────────

"우리 팀에 **숨어 있는**
가짜 일은 무엇인가?"

숫자에 약한 리더를
키우는 조직은 없다

〔 의견 대신 데이터 〕

왜 본부장은 천 팀장의 보고에
화를 냈을까?

천 팀장은 글로벌 가전기업의 판매 법인에서 일하고 있습니다. 5개월 후 완공되는 대규모 산업단지에 자사의 제품을 납품하려고 애쓰는 중입니다. 치열한 경쟁을 제치고 계약을 따내려면 적어도 납품 금액을 20% 정도 낮춰야 할 것 같습니다. 고민하던 천 팀장은 이 문제를 본부장에게 보고하기로 합니다.

"본부장님, 이번 산업단지 입찰에 성공하려면 가격을 20% 낮춰야 할 것 같습니다."

"천 팀장, 그렇게나 많이 낮춰야 하는 겁니까? **우리가 감수해야 하는 손해 금액이 어느 정도죠?**"

"아마도 30억 원 정도…."

"뭐라고요? 30억 원이요?!"

"아닙니다. 25억 원. 아니, 20억 원 정도일 겁니다."

"…. 천 팀장, 똑바로 이야기하세요."

"죄송합니다. 제가 다시 확인하고 보고 드리겠습니다."

"**이익률 변화는요?**"

"…."

"하긴. 전체 금액도 모르는데 이익률을 알 리가 없죠. 쯧. 그나저나 이렇게 무리해서 입찰을 따려는 이유가 뭡니까?"

"시장 점유율 때문입니다."

"얼마나 달라지는데요?"

"아시다시피 이 산업단지는 올해 가장 큰 물량입니다."

"나도 압니다. **시장 점유율이 얼마나 영향**을 받길래 그러냐는 거죠. 회복이 어려울 만큼 점유율 격차가 커지는 겁니까?"

"네. 그렇게 들었습니다."

"(화를 누르며) 얼마나요?"

"그게, 제가 여기 적어두었는데…."

"(마침내 폭발하며) 천 팀장! 도대체 왜 보고하러 온 거예요? 제대로 아는 게 하나도 없는데 나더러 무슨 결정을 하라는 겁니까? 똑바로 준비해서 다시 보고해요."

실무자 시절 뛰어난 영업 전문가였던 천 팀장은 팀장이 되고 나서 매일 본부장에게 혼나는 신세입니다. 단골 질책 중의 하나는 숫자와 데이터 대신 모호하게 이야기하는 습관입니다. 지금도 보세요. 천 팀장은 가격을 20% 낮춰야 한다는 주장만 하고 있을 뿐 회사가 얼마큼 희생해야 하는지, 혹은 어떤 효용을 얻을 수 있는지 제대로 설명하지 못합니다.

숫자에 약한 리더를 키우는 조직은 없습니다. 뛰어난 암산 능력이나 수학 풀이 능력을 말하는 게 아닙니다. 숫자와 데이터에 근거해서 상황을 해석하고 판단하는 논리적 사고를 말하는 겁니다. 졸업 이후에 수학은 거들떠보지 않았던 사람도 전혀 걱정할 필요가 없습니다. 오히려 수학 실력이 탁월한 엔지니어 출신 팀장이 해석이나 통찰 없이 앵무새처럼 숫자만 이야기할 뿐인 경우도 많으니까요.

리더는
숫자와 데이터로 말한다

팀장부터는 경영자의 관점으로 사고할 줄 알아야 합니다. '좋아 보이는 이유가 세 개 있으니까 A를 하자'는 주장은 실무진의 관점입니다. 팀장이라면 'A가 비용 대비 이익이 가장 높으니까 하자'고 말해야 합니다. 왜냐하면, 경영진이 판단을 내리는 기준은 좋아 보이는 것이 아니라 이익 여부니까요. 주장을 뒷받침하는 근거는 당연히 숫자나 데이터와 같은 객관적인 지표여야 합니다. 팀장의 주관적인 의견만 믿고 중요한 의사 결정을 하는 경영진은 없습니다.

만약 천 팀장이 숫자와 데이터를 근거로 리더를 설득하는 사람이라면 어땠을까요? 앞의 대화와 무엇이 다른지 유의하면서 읽어보시기 바랍니다.

"본부장님, 이번 산업단지 입찰에 성공하려면 가격을 20% 낮춰야 할 것 같습니다."

"천 팀장, 그렇게나 많이 낮춰야 하는 겁니까? 우리가 감수해야 하는 손해 금액이 어느 정도죠?"

"전체 금액은 25억 원, 이익률은 1억 원입니다. 그리고 저희 제품의 평균 이익률은 4.5%에서 4.3%로 줄어듭니다."

"그러면 하지 말아야 하는 거 아닌가요?"

"시장 점유율 때문입니다. **저희 점유율이 42.5%인데, 2등인 경쟁사의 41.0%와 1.5%밖에 차이가 나지 않습니다.** 이번 입찰을 경쟁사에 뺏기면 올해 시장 점유율 1위는 경쟁사가 됩니다."

"그건 곤란하지."

"맞습니다. 그리고 마케팅전략팀에 확인해보니 홍보할 때 시장 점유율 1위라는 점을 늘 강조하고 있다고 합니다. 정확한 계산은 아니지만 **1위라는 입지의 마케팅 효과가 적어도 2억 원 이상**이라고 말하더라고요."

"음…."

"20% 가격을 낮춰 산업단지 입찰을 따면 약 1억 원의 손해가 있지만, 시장 점유율 1위를 지킬 수 있고, 2억 원 이상의 브랜드 효과를 볼 수 있습니다. 비용 측면에서도 그리고 우리의 자존심 측면에서도 이득이라고 생각합니다."

"알겠습니다. 진행하는 게 맞겠군요. 지금까지 말한 내용을 간단하게 적어줘요. 대표님께 함께 보고하러 갑시다."

대화에서 천 팀장이 보여준 탁월함은 두 가지가 있습니다. 첫째, 판단에 필요한 숫자와 데이터를 정확히 파악했다는 점입니다. 둘째, 시장 점유율 1위라는 마케팅 효과가 약 2억 원임을 영리하게 찾아내어 결과적으로는 1억 원 이득임을 내세웠습니다.

팀장 중 다수는 시장 점유율이 2등에게 밀린다는 명분만 이야기합니다. 당연히 1등을 뺏기는 건 누구도 원치 않겠지만, 왜 손해를 감수하면서까지 지켜야 하는지는 설명하지 않습니다. 천 팀장은 명분과 실리 모두 근거로 내세우면서 상대방의 마음을 움직였습니다.

모든 경영진과 임원이 꿈꾸는 보고 방식입니다. 정말 드물고 희귀합니다. 반대로 말하면, 이렇게 보고하는 팀장을 보면 반가움에 눈이 휘둥그레진다는 뜻입니다.

나만의 필수 데이터 정리가
필요한 이유

팀장이 상위 리더나 경영진에게 보고하는 자리에서 갑자기 보고 내용과 전혀 상관없는 다른 주제에 대한 질문을 받을 때가 있습니다. 가장 난감한 상황 중 하나이죠. 어렴풋이 알고는 있지만 몇 번 질문과 답을 반복하다 보면 금세 기억이 바닥납니다.

팀장이 실무자 업무의 세세한 내용까지 모두 외울 수 없는 건 당연합니다. 대부분은 나중에 확인해서 보고해도 괜찮지만, '팀장이 돼서 그걸 모른다고!?' 하는 황당함과 실망을 불러오는 결정적인 영역이 있습니다.

경영진 : 이 제품의 최종 평가일이 언제죠?
팀장 : 10월인 것 같은데, 확인해보고 말씀 드리겠습니다.
경영진 : 그 팀의 올해 목표 매출액이 얼마죠?
팀장 : 아마 10억 원 정도…. 확인해보고 말씀 드리겠습니다.

세상에. 팀장이 제품의 평가 날짜를 어렴풋이 기억하는 것까진 그럴 수도 있겠다 싶지만, 팀의 목표 매출액을 정확히 모르는 건 심각한 문제입니다. 과녁 자체를 잘 모르고 있는 거잖아요.

저는 의사 결정에 중요한 근거가 되고 팀장이라면 반드시 알고 있어야 하는 숫자와 데이터는 따로 정리해놓으라고 말씀 드리고 싶습니다. A4 1장 분량이면 충분합니다. 팀에 따라 필요한 내용은 달라지겠지만 팀 매출 목표, 현재 시점의 달성률, 지난 3년간 매출액, 조직(또는 본부)의 전체 예산 및 영업 이익률, 팀 예산 및 인건비, 주력 제품의 매출 및 순위, 시장 점유율, 경쟁사 순위 등이 유용한 항목입니다.

모니터 옆에 붙여놓고 휴대전화에도 넣어두세요. 언제든 10초안에 확인할 수 있으면 꼭 외우지 않아도 괜찮습니다. 갑자기 누군가의 질문에 대답할 때, 상대방을 설득할 때, 팀에 커다란 의사결정을 내릴 때 중요한 판단 근거가 됩니다.

경영진 : 신제품 개발에 5천만 원? 예산은 괜찮은 겁니까?

팀장 : 네, 문제없습니다. 저희 팀 예산으로 충분합니다. 잠깐만요. (휴대전화에 저장해놓은 필수 데이터를 확인한다.) 팀 예산은 지금 1억 원 여유가 있습니다. 연초 계획한 제품 리뉴얼을 디자인만 바꾸기로 하면서 예산을 대폭 줄였거든요.

_____ Q. _____

"나는 상대방과 이야기할 때
상황과 의견을 이야기하는가,
아니면 **숫자와 데이터**로 말하는가?"

"팀장님에게 배운 걸로 먹고살아요"

여기까지 잘 오셨어요. 지금까지 긴 대화를 나눈 듯도 하고, 어쩌면 짧은 찰나의 시간을 공유한 것 같기도 합니다. 이 책을 덮고 나서 머릿속 혼란스러운 안개가 조금이라도 옅어졌다면, 결국 어떻게든 해나갈 수 있겠다는 약간의 용기가 생겼다면, 더 좋은 팀장이 되고 싶은 마음이 몽글몽글 올라왔다면 더 바랄 게 없겠습니다. 조금 더 명료한 시야, 약간의 용기, 선한 마음, 이 세 가지면 이미 탁월한 팀장이 되기 위한 출발점으로 완벽하니까요.

기라성 같은 대단한 리더들이 세상에 많은데 제가 팀장 책을 써도 되는지 처음에는 망설였어요. 그때 용기를 준 한 팀원의 말이 있습니다. 제가 초짜 신임 팀장이던 시절 팀원이었던 J는 이직 후 모두 부러워하는 회사의 팀장이 되었습니다. 오랜만에 다시 만났을 때 웃으면서 이렇게 말해주더군요.

"팀장님에게 배운 걸로 먹고살아요."

네, 물론 저도 압니다. 기분 좋으라고 선심성으로 해준 말이라는 걸요. 하지만 저도 모르게 벌어진 입은 다른 팀원들이 동조하며 거드는 말을 들으면서 주책맞게 커졌습니다. 제 취향을 저격하는 칭찬이었거든요. 그날의 기억은 제가 일하는 삶에서 수집한 반짝이는 조각 중에 하나로 소중하게 간직하고 있습니다.

팀장이 되면 분명히 힘든 일이 많지만, 팀원이던 시절과는 비교할 수 없는 즐거움 역시 존재합니다. 소위 어른이 되는 맛이라고나 할까요. 달콤하면서 쌉싸름한 이 세계에 오신 걸 다시 한번 환영합니다.

서재에서
박소연 드림

Special Thanks To

―――――――

아버지 박경옥, 어머니 김유자, 그리고 이영규에게

별로 웃기지 않은 일에도 유쾌하고 웃고
힘든 일이 있을 때 누구보다 서로를 지지하는
우리는 정말 최고의 팀이에요.